Animals in the Spirit World
우리 다시 만날 수 있을까

Animals in the Spirit World by Harold Sharp
Copyright ©1985 by H. Sharp
Korean translation copyright © 2012 by somensum Publishing. co. kr.
All right reserved

Animals in the Spirit World

우리 다시 만날 수 있을까

해롤드 샤프 지음 한진여 옮김

섬앤섬

펴내는 말

동물이 없는 세상을 상상해보라

눈부시게 화려한 깃털의 아름다운 새가 없는 세상, 충실하고 믿음직한 개가 주인의 발치에 듬직하게 앉아 있는 모습을 볼 수 없는 세상, 따스한 봄날 아침 갓 태어난 새끼 양이 새로운 세상을 신기하다는 듯이 깡총깡총 뛰어다니며 탐험하는 모습을 볼 수 없는 세상, 풍성한 실타래를 가지고 즐겁게 노는 귀여운 고양이와 강아지가 없는 세상.

그런 세상은, 상상도 할 수 없이 끔찍하고 삭막한 세상이다.

그런데, 믿기 어렵지만 동물을 '인간보다 하등의 존재'로 간주하고, 말 못하는 '벙어리'라 부르며 무시하는 사람들이 있다. 그들은 인간이 이 세상을 떠난 후에도 천국에서 계속 산다는 믿음은 받아들이지만, 동물은 절대 그럴 수 없다고 생각한다.

그렇게 동물을 무시하는 근거가 어디에 있단 말인가? 인간보다 동물의 영적인 능력이 뒤떨어진다고 생각하는 근거를 나는 어디에서도 찾아볼 수 없다. 오히려 이 세상에서 일어나는 혼란과 파괴와 상처들은 모두 인간이 저지르는 것이다. 게다가 종종 인간은 자신들이 그런 일을 저지른다는 것조차도 잊어버린다.

동물은 언어라는 도구를 통해 인간과 소통을 못 하고 무언의 세계에서 살아가지만, 역경에 직면하여 동물들이 보여주는 용기와 헌신의 모습은 그들이 얼마나 신실하고 믿을 수 있는 존재인지 잘 증명해준다.

반려동물의 주인이 되는 특권을 누리는 사람들은 ― 정말이지 그것은 특권이 아닐 수 없다 ― 자신의 사랑스러운 반려동물이 보여준 애정과 충성심, 주인과 가족에 대한 헌신에 대해 들려줄 이야기들이 저마다 있을 것이다.

생명은 영^{spirit}이며, 영은 생명이다. 이 세상에서 숨 쉬며 살아 움직이는 모든 생명체는 영적인 힘으로 살아가고 있으며, 영적인 힘은 죽음으로도 소멸하지 않는다. 지적으로 열등하든 보잘것없는 존재이든 모든 생명체는 영적인 힘에 따라 육체의 죽음 이후에도 삶을 계속 이어간다.

펴내는 말

인간만이 이 세상을 떠난 뒤에도 영적인 세계에서 삶을 이어가고 동물은 그렇지 않도록 신이 설계하였다면 이 세상에서 인간의 삶과 죽음은 모두 하나의 허위, 하나의 위선에 불과할 것이다. 동물들이 보여주는 개성과 감정은 진화의 가장 정점에 서 있는 인간보다도 앞선 모습일 때가 많다.

　해롤드 샤프의 이 책은 시간이 지나도 변치 않고 그 매력이 더욱 빛을 발하고 있으며, 오늘날의 독자에게 주는 메시지 또한 대단히 유효하다. 존경받았던 이 심령학자가 보여주듯이 동물들, 특히 사랑스러운 반려동물들은 이 세상에서의 죽음을 맞이한 이후에도 계속 생명을 이어가고 있다. 그들을 사랑으로 길러주었던 주인들처럼 이 세상을 넘어선 순간, 무한한 가능성과 사랑이 충만한 영적인 세계로 들어가는 것이다.

극진하게 동물을 사랑했던 한 뛰어난 심령주의자의 통찰이 여러분의 잠든 영혼을 일깨워주기를 바란다. 당신이 사랑하는 개 혹은 고양이는 죽음 이후에 평화로운 영적인 세계에서 완벽한 평화와 행복을 느끼며 살아간다는 것을, 그리고 우리의 죽음이 곧 끝이 아니라는 것을.

토니 올젠 Tony Ortzen
《Psychic News》 편집인

애완동물과 반려동물

애완동물 pet은 사람과 함께 살아가는 동물로서 인간의 보살핌을 받지만, 사람들 또한 그들에게서 여러 가지 감정과 도움을 받으며 살아간다. 1983년, 사람들은 서로 간의 이러한 관계와 혜택을 존중하고, 그들이 더 이상 인간의 장난감이 아니라는 깨달음에서 '함께 살아가는 동물' 곧 반려동물 伴侶動物이라고 부르기로 하였다.

사회가 고도로 발달하면서 물질이 풍요로워지는 반면, 인간은 점차 자기중심적으로 변해가고 마음은 점점 고갈되어 간다. 이에 비해 동물의 세계는 언제나 천성 그대로이며 순수하다. 사람은 이런 동물과 접함으로써 상실해가는 인간 본연의 성정 性情을 되찾으려 하는데 이것이 바로 동물을 애완 愛玩하는 일이며, 그 대상이 되는 동물을 애완동물이라고 했다. 1983년 10월 27~28일 오스트리아 빈에서 동물 행동학자이자 노벨상 수상자인

콘라드 로렌츠$^{Konrad\ Lorenz}$의 80세 탄생을 기념하며 '인간과 애완동물의 관계(the human-pet relationship)'를 주제로 한 국제 심포지엄이 열렸다. 오스트리아의 과학 아카데미가 주최한 이 자리에서 개·고양이·새 같은 애완동물의 가치성을 재인식하여 반려동물이라 부를 것을 제안하였고, 승마용 말도 여기에 포함하도록 하였다. 동물이 인간에게 주는 여러 혜택을 존중하여, 그들이 더 이상 사람의 장난감이 아니라는 뜻에서 애완동물은 이제 '함께 살아가는 동물(Companion animal)' 곧 반려동물이라고 부른다.

애완동물과 반려동물

차
례

펴내는 말·5

애완동물과 반려동물·10

1장 '생명'은 죽음 이후에도 이어진다
천국에서 애견과 재회한 체스터 부인·17
동물을 좋아하는 사람의 아우라는 오렌지색·23
당신과 이별한 동물은 지금도 멋진 곳에서 살고 있다·25
끝내기 모양이를 맡긴 어머니·29
죽은 동물을 물질화하다·33

2장 '영혼'이 그 모습을 보여줄 때
죽은 애마와 함께 사는 여동생·45
배우 코트니 드롱의 개들·51
기쁨의 출현·55
버려진 동물을 구하는 사람들·59
돌아온 헌터·63
즐거움의 빛에 둘러싸인 젖소무리·67
천국의 비모·71
천국에서 은인과 함께 살아가는 동물들·77

3장 동물들은 결코 사랑을 잊지 않는다
사별한 남편과 이웃집 개·87

노병에게 나타난 환영·90

넬은 그곳에 있다·95

낸시는 포니와 재회했다·100

집시 소년과 갈까마귀 잭코·104

사진에 나타난 다른 세계의 고양이·110

새끼 고양이가 가져온 행복·114

힐링 파워·120

4장 영적 세계로의 여행
코난 도일의 체험·129

영적 세계에서 재회한 친구들·132

공포를 없애주는 연못·140

로라와 야생의 왕국·145

동물을 돌보는 사람들·151

생명은 영원히 지속된다·154

5장 동물은 영적인 존재이다
영혼은 자유롭게 여행한다·161

사랑의 기도·167

새들의 노래·170

넥토스 중후군 Q & A 코너

1

'생명'은
죽음 이후에도
이어진다

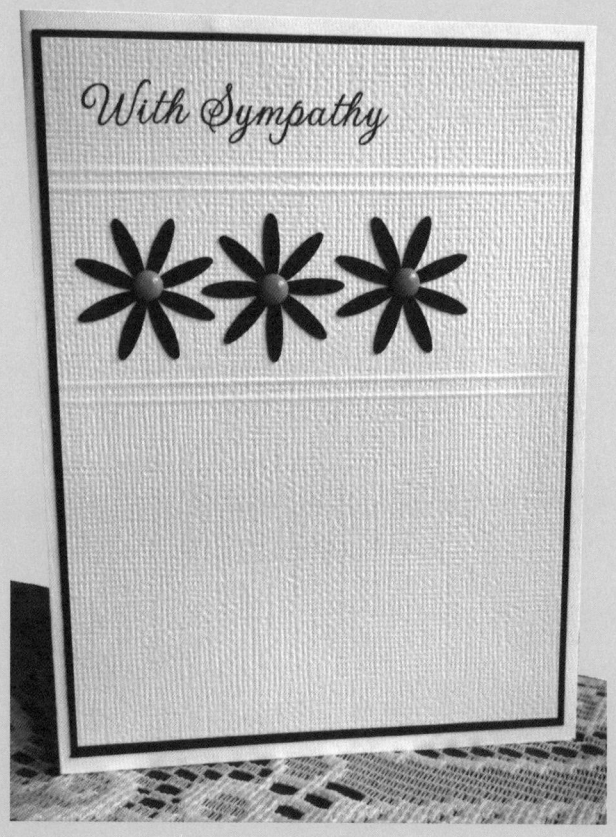

천국에서 애견과 재회한 체스터 부인

나는 얼마 전 사라 체스터 부인을 방문했는데, 고령의 체스터 부인은 몇 년째 침대에 누운 채 살아가고 있었다. 우리는 이승에서의 삶을 다하고 죽은 이후에도 생명이 지속되는 것인지, 그리고 그 사후의 세계와 삶의 모습은 도대체 어떠할지에 대해 이야기를 나누었다.

"음, 그런데 말이에요……."

체스터 부인이 말했다.

"나는 사람들이 보통 떠올리는 천국에 대한 이미지를 한 번도 생각해본 적이 없어요. 가령 번쩍이는 황금 바닥, 진주로 만든 문, 하프가 울려 퍼지는 천상의 음악 같은 것들 말이에요. 나는 그런 것에 그다지 매력을 느낄 수 없었어요. 그건 그저 나와 상관없이 멀리 있는 것이라고 생각하거든요. 하지만 하늘나라에서 내 오랜 친구인 점보를 다시 볼 수 있다면, 정말 행복할 것 같아요."

점보는 주인에게 충실했던 늙은 셰퍼드였다. 체스터 부인이 병상에 누워 있던 6년 동안 점보는 한결같이 변하지 않는 모습으로 주인 곁을 지켰다. 체스터 부인은 점보를 사랑했고, 점보 또한 부인을 지극히 사랑했던 것이 틀림없다. 점보가 늙어서 죽자 체스터 부인도 얼마 지나지 않아 세상을 떠났다.

체스터 부인을 만나고 한참 시간이 지난 후 나는 런던의 유명한 영매靈媒인 네빌 여사를 만나 영靈과 접촉하는 시간을 가졌는데, 네빌 여사가 다음과 같은 이야기를 들려주었다.

"여기 60세쯤 되어 보이는 부인이 보여요. 체스터라고 부르네요. 체스터는 부인의 이름이거나 혹은 부인이 살았던 마을 이름인 것 같군요. 체스터 부인은 점보라고 부르는 개와 같이 있어요. 몸집이 큰 개는 털이 탐스럽군요. 트위드 웃옷을 걸친 부인이 이제 개와 함께 산책을 나가려고 해요. 오, 부러워라, 엄청나게 에너지가 넘치는 커플이에요."

얼마나 멋진 일인가. 그리고 얼마나 기쁜 일인가. 네빌 여사의 이야기 속에 등장하는 것은 틀림없이 내 오랜 친구 체스터 부인과 그녀와 오랜 시간 함께 했던 반려견 점보였다. 저 세상을 아픔이 없는 곳, 고통과 슬픔을 모르는 곳으로 묘사한 성경의 구절은 맞는 말인 것 같다. 사라 체스터는 만년에 온몸이 마비되는 육체적 고통을 겪었지만 그것은 단지 이 세상에서의 괴로움일 뿐이었다. 늙은 점보의 노쇠한 모습 또한 이 세상에서의 모습일 뿐이다.

최근 한 불가지론자(신의 존재를 아는 것은 불가능하다고 주장하는 사람_역주)를 만나 이 이야기를 들려주었더니, 그는 매우 우스꽝스러운 이야기라는 표정을 지으며

이렇게 말했다.

"믿어지지 않는 걸요. 바보 같은 이야기처럼 들려요."

"그럼 당신은 사람이 이승을 떠난 다음에도 저 세상에서 계속 살아가고, 동물들 역시 이 세상을 떠난 뒤에도 영원히 살아간다는 것을 믿지 못하겠다는 건가요?"

그리고 나는 이어서 말했다.

"나는 이해해요. 죽은 자들이 지금도 천국에서 계속 살아가고 있다는 것, 말이에요."

그런데 그의 대답은 약간은 무례한듯 싶었다.

"맙소사, 그렇다면 그 많은 사람과 동물들이 도대체 모두 어디에서 살고 있다는 거죠?"

때로 인간의 상상력은 너무도 일천하여 영적 세계의 무한함을 이해하지 못하는 경우가 많다. 하지만 인간이 한순간이라도 그 자리에 멈추어서 겸허하게 생각을 해본다면, 무한한 영적 세계에 비해 인간의 거대한 듯한 물질세계가 실은 얼마나 작고 누추한지 깨달을 수 있을 것이다.

인간이 고도의 첨단 기술로 만든 기계는 멋지게 작동하며 우주를 누빈다. 이 우주 탐사기구는 지구에서 수백만 마일 떨어진 곳을 떠다니며 우주 공간에서 수집한 정보를 송신해 준다. 인간이 만든 것이 이러할진대, 신이 고안해 낸 것은 더 멋지게 작동하지 않을까?

인간의 심령적 투사(물질적 육체로부터 영체靈體를 이탈시켜 고차원 세계로 비상하는 것_역주)와 그것을 기억하는 능력은 멋진 도구이다. 그것은 영적 세계의 무한함을 조망하여, 지상의 사람들에게 평안과 영혼의 자각을 일깨워줄 수 있기 때문이다.

"호라티오, 이 천지간에는, 철학자가 미처 생각하지 못하는 것이 많이 있다네."라고 셰익스피어는 썼다(《햄릿》에 나오는 구절_역주). 셰익스피어의 이 말이야말로 참으로 진실일 것이다.

동물을 좋아하는 사람의 아우라는 오렌지색

모든 생명체는 생명이 방출하는 에너지인 아우라를 지니고 있다. 우리 눈에는 보이지 않지만, 이 아우라에는 생명의 에너지가 많이 들어 있다. 예를 들어, 동물을 사랑하는 사람의 아우라는 오렌지색으로 충만하다. 이 빛은 동물들에게도 기분 좋은 것으로 신뢰와 자신감을 느끼게 해준다. 마치 자석이 철을 끌어당기는 것처럼 이 아우라는 동물들을 매료시킨다. 하지만 공포의 아우라는 적갈색이며, 그들을 자극하여 자신도 모르게 공격하게끔 하는 본능과 분노를 불러일으킨다.

지상에 살았던 어떤 생명체에게도 죽음이라는 것은 없으며, 당신의 동물 친구들은 천국에서 계속 살아가고 있다. 땅에 매장되고, 화장되어 바다에 흩뿌려진 것은 더 이상 쓸모가 없어진 '허물'일 뿐이다. '육체라는 감옥에 유폐'되어 있던 동안, 당신의 오렌지색 아우라가 살아 있는 생명체에게 한 번이라도 기쁨과 친밀함을 보여준 적이 있다면, 당신의 빛은 지금도 그들을 매료시키고 있다.

이승을 떠난 당신의 동물 친구는 지상에서보다 더 활기차고, 두려움 없는 삶을 살아가고 있다. 그리고 이승을 떠나기 이전과 마찬가지로 지금도 당신 곁에 있다.

영적 수신능력을 지닌 영매는 이러한 천국의 모습을 볼 수가 있다. 우리가 눈으로 주위의 사물을 바라보는 것처럼 영적 능력을 지닌 자는 존재의 세밀한 파장, 영적 파장에 동화할 수 있는 까닭이다. 그리고 이것이야말로 시인이 천국이라고 부르는 바로 그 세계인 것이다.

당신과 이별한 동물은 지금도 멋진 곳에서 살고 있다

내가 이 영적 능력에 대해 처음으로 알게 된 것은 일곱 살 무렵이었다. 언제부터인가 한 나이 든 수도승이 자주 나타나 내 침대 옆 팔걸이의자에 앉아 무언가 깊은 생각을 하거나 명상을 하는 것처럼 보였다. 그 수도승이 나타나면 나는 즐거움을 느꼈고, 마음의 위로를 받았다. 그는 한밤중의 이 방문에서

단 한 번도 내게 말을 걸지 않았다. 때때로 성가대 소년이 와서 노래를 부르기도 했지만, 그 수도승만큼 자주 오지는 않았다. 그리고 내 귀여운 페키니즈^{Pekingese}(개의 품종) 마르틸^{Myrtle}. 마르틸은 악성종양에 걸려 고통스러워했는데, 고통스러워하는 모습을 보다 못한 아버지가 총으로 안락사를 시켰다. 그러나 마르틸 역시 죽은 후에도 오랫동안 살아생전과 똑같은 모습으로 내 침대로 뛰어들어와 내 곁에서 잠들곤 했다.

나는 영적인 능력을 선천적으로 타고 나서, 이러한 모든 일들이 내게는 그저 평범한 일처럼 보였다. 하지만 영적 능력자가 아닌 부모님은 내가 하는 이런 이야기들을 이상한 것으로 생각하고, 몹시 걱정하셨다.

열일곱 살 때 나는 런던으로 이주하여 생활하였으며, 심령주의자들^{Spiritualists}과 만났다. 그리고 세상에서 가장 중요하고 심오한 문제인 '생명의 불멸'에 대해 진지하게 탐구하는 연구자가 되었다.

노 수도승과의 체험 그리고 다른 여타의 체험은, 나의 일부분인 영적인 부분이 다른 권역^{圈域} 즉, 다른 파장의 세계에서 살아가고 있는 자들의 영향력을 감지한 것

이라는 설명 외에는 달리 설명할 방도가 없다. 지상의 육체는 오래 전에 사라졌지만, 그들의 불멸의 생명은 영적인 신체를 지니고 있으며, 지상에서 살 때와 마찬가지로 자연스럽게 자신의 기능을 다하고 있는 것이다. 나는 신의 이 거대한 영적 세계에서 만났던, 죽음을 초월하여 살아가고 있는 동물들(물론 새들도 포함해서)에 대한 몇몇 얘기들을 독자에게 해달라는 요청을 받았다. 이 세계는, 영적인 눈을 가진 자를 제외하고는 볼 수 없는 세계이다.

동물을 사랑하는 당신, 그리고 사랑하는 반려동물의 죽음으로 슬픔에 빠져 있는 당신에게 알려주고 싶다. 사랑하는 동물들은 지금도 멋진 세계에서 행복하고 즐겁게 살아가고 있다는 것을. 사랑했던 그 동물 가족을 당신이 생각하거나 이야기할 때마다, 당신의 오렌지색 빛이 그들에게 "어서 오라"고 부른다는 것을. 그리고 그 소리를 들은 동물들이 반갑게 달려온다는 사실을 말이다.

그렇지만 그들에게 당신의 슬픔에 잠긴 얼굴은 보여주지 않는 것이 좋다. 당신이 슬픈 모습을 보이면, 동물들 또한 슬퍼할 것이기 때문이다.

딸에게 고양이를 맡긴 어머니

몇 년 전에 영혼이 맑은 한 여성이 영(靈)과 접촉하려고 내가 있는 곳을 찾아왔다. 당시 그 여성은 몹시 괴로워하고 있었는데, 이유는 다음과 같았다.

돌아가신 그녀의 어머니에게는 사랑하는 고양이가 있었다. 어머니는 세상을 떠나기 전 외동딸에게 고양이를 잘 돌봐줄 것을 부탁했고, 딸은 어머니에게 그 고양이를 잘 돌볼 것을 약속했다.

그러나 어머니가 돌아가신 뒤 돌보던 고양이가 어느 날 그만 뜻밖의 중병에 걸리고 심한 통증으로 괴로워했다. 수의사는 안락사를 시키는 것만이 고양이를 위하는 유일한 길이라고 그녀에게 말했다. 다른 방법이 없던 그녀는 마지못해 안락사를 허락하였다.

그러나 고양이가 죽고 난 이후 그녀는 자신이 어머니와 한 약속을 지키지 못한 것이라고 생각하여 몹시 괴로워했다. 나의 지도영指導靈인 브라더 피터와 접촉을 하자, 피터는 다음과 같은 말을 했다.

"당신의 어머니가 여기에 계십니다. 어머니는 마음 깊이 당신을 이해하고 있습니다. 그리고 당신이 팀스(고양이 이름)를 자신이 있는 곳으로, 팀스가 고통을 느끼지 않는 곳으로 보내준 것에 대해 정말로 고맙고 기쁘게 생각한다고 말하고 있습니다. 어머니가 생일에 팀스를 다시 만났기 때문에, 마치 생일선물을 받은 것처럼 기뻤다고 합니다. 지금 팀스는 아무런 고통 없이 저세상에서 잘 살아가고 있다고 어머니는 말씀하십니다. 팀스는 행복하고 충만한 삶을 사는 것처럼 보입니다. 어머니

역시 사랑하는 고양이와 함께 있어서 정말 즐겁다고 이야기하십니다."

세상을 떠난 어머니의 영혼과 마주한 효과는 좋았다. 하루하루 커져갔던 괴로움은 눈 녹듯 사라지고, 그녀의 세계에는 밝은 빛이 비추었다.

죽은 동물을 물질화하다

뛰어난 영매인 잭 웨버Jack Webber(1907-1940. 영국에서 활약한 유명한 심령사)는 런던으로 이사 오기 전, 햄스테드Hampstead에 있는 내 아파트에 머무르면서 몇 번의 강령회降靈會를 열기도 했다.

레이체스터셔Leicestershire에 있는 오래 된 고택에서 사는 동안 내가 반려동물로 몇몇 원숭이를 기른 적이 있

'생명'은 죽음 이후에도 이어진다

다는 것과 그들 원숭이를 무척 사랑한다는 사실을 그는 몰랐다. 내가 특별히 아꼈던 친구는 블루 망가베이 mangaby(긴꼬리원숭이의 한 종류)로 사랑스러웠지만 항상 주변의 관심을 받고 싶어 하고 칭찬받으려고 했으며, 지나칠 정도로 민감하고 허영심이 강한 원숭이였다. 그 녀석의 이름은 미키였는데, '개구쟁이 미키'라고 불러야 할 정도로 짓궂은 장난을 많이 해서 종종 내 주변의 잔잔한 평화를 깨뜨리고는 했다.

어느 일요일 아침, 미키는 몰래 도망을 쳤다. 그리고 마을길을 내달려 주일 예배 중인 교회 안으로 달려 들어갔다. 아마 교회 안에서 울려나오는 성가대의 합창 소리가 미키의 귀를 끌어당겼던 듯 싶다. 교회 안으로 들어간 미키는 설교단으로 껑충 뛰어올라갔고, 양초를 발견한 녀석은 목사님이 화가 난 것도 아랑곳 않고 양초를 모두 먹어치울 때까지 꿈쩍도 하지 않았다. 양초는 미키가 언제나 멋진 물건이라고 생각하던 것이었다.

원숭이의 땀에는 소량의 칼륨이 포함되어 있는데, 그 땀이 피부에서 결정화된 것은 원숭이가 아주 좋아하는 먹잇감이다. 원숭이는 이 짭짤하고 맛있는 결정을

찾기 위해 자신의 털을 뒤적이며 시간을 보내기도 하는데, 이것을 잘 이해하지 못하는 사람들은 원숭이가 벼룩을 찾고 있는 것이라고 생각할 수도 있다. 누군가가 미키를 벼룩 사냥꾼으로 오해하면 미키는 자존심에 상처를 입었다고 느끼고 몹시 화를 내고는 했다.

이제 웨버와 햄스테드 강령회의 이야기로 돌아가 보자. 사랑스러운 목소리를 지닌 루빈Reubin이라는 정령이 내려와 노래 부르기를 막 끝냈을 때였다. 문득 무릎 위에 묵직한 무게감이 느껴졌다.

웨버의 지도영인 블랙 클라우드Black Cloud가 말했다.

"샤프 씨, 움직이지 마세요. 당신 무릎 위에 지금 사랑스럽고 커다란 원숭이가 내려앉으려고 해요."

그것은 점차 미키의 모습으로 변하였다. 그러나 불행하게도, 블랙 클라우드가 갑자기 크게 외쳤다.

"안 돼, 안 돼! 미키. 사람들 앞에서 벼룩을 잡으면 안 돼!"

그 말 한마디로 충분했다. 미키는 벌떡 뛰어오르더니 아무도 자신을 오해하지 않는 곳(이라고 나는 생각한다)으로 멀리 떠나버리고 말았다.

한 번은 웨버가 축구시합에 가서 평소보다 늦게 집에 들어온 적이 있었다. 심령 모임의 참가자들은 웨버를 기다리면서 즐거운 이야기들을 나누며 시간을 보내고 있었다. 이야기의 화제가 겨울철 폭설과 강추위 때 야생 새들이 겪는 고통에 대한 것으로 옮겨갔다. 한 참가자가 많은 사람이 굶어 죽어가고 있는데 새를 위해 매일 커다란 빵을 사는 것은 매우 잘못된 것이라고 생각한다고 말했다.

웨버가 도착해서 강령회가 시작되었을 때, 빛나는 오렌지색 부리를 가진 사랑스러운 수컷 블랙버드Blackbird(개똥지빠귀 과의 새)가 나타나더니 무척이나 아름다운 노래를 불렀다. 블랙버드의 노래가 끝나자 블랙 클라우드가 말했다.

"샤프 씨, 이 블랙버드는 당신이 먹이를 준 새들을 대표해서 감사의 마음을 노래한 것입니다."

최근에는 이런 일도 있었다. 다리가 하나뿐인 블랙버드가 '햇빛이 찬란하게 비치는 세계(The Sunny Sphere)'에서 돌아왔다. 1년 남짓 이 암컷 블랙버드는 내

가 새에게 먹이를 주는 곳을 정기적으로 방문하였다. 다른 블랙버드들이 다리가 하나인 블랙버드를 종종 공격하였기 때문에, 나는 다른 블랙버드들이 공격하지 못하도록 막아 선 채 그 블랙버드에게 따로 먹이를 주었다. 그러자 이 새는 곧 나를 잘 따르게 되었고, 좋아하는 치즈를 내 손에서 가져가 먹기도 했다. 때로는 우리 집 부엌 마루에 떨어진 빵조각을 물어가기도 했다.

한쪽 다리만 있는 블랙버드는 깡총거리며 겨우 날 뿐이어서 나는 이 새를 '깡총이'라고 불렀다. 어느 때든 내가 정원으로 가서 "깡총아, 깡총아"라고 부르기만 하면, 어디에 있든지 깡총이는 바로 내게로 왔다. 술꾼이 술집의 '개점시간'을 잘 알고 있듯이, 깡총이는 아침 7시면 내가 빵을 작은 부스러기로 만들어 새들이 먹도록 정원에 뿌려준다는 것을 알았다. 무슨 일이 생겨서 내가 조금이라도 늦으면, 깡총이는 정원으로 나가는 현관문을 부리로 탁탁 쪼으면서 "삐! 삐! 삐!" 하고 큰 소리로 울어댔다.

그러던 어느 새해 초에, 깡총이의 모습이 보이지 않았다. 깡총이 이름을 여러 차례 불렀지만, 대답이 없었다. 정원에 나가서 몇 번을 다시 불렀지만 역시 대답이 없었다. 마침내 나는 녀석에게 불행이 닥쳤을 가능성이 있다고 결론을 내렸다. 어디에선가 고양이에게 공격을 받아 죽은 것이 틀림없었다.

그 후 2주 정도가 지난 어느 날 아침 식사를 끝냈을 때였다. 내 영적인 능력이 귀에 익은 소리를 포착하였다.

"삐! 삐! 삐!"

내 영적인 눈에 멋지고 선명한 깡총이의 모습이 잡혔으며, 깡총이가 마음에 들어 했던 의자에 앉아 있는 모습이 눈에 들어 왔다. 깡총이가 내 곁으로 깡총거리며 다가올 때 나는 깡총이의 다리가 이제는 온전히 두 개인 것을 보았다. 깡총이는 그런 자신의 모습을 내게 보여주고 싶었던 것이다. 신체의 부자유는 오직 지상에서의 일일 뿐이다. 영계靈界에서 작동하는 신의 법칙에는 육체의 장애 따위는 존재하지 않는다.

2

'영혼'이
그 모습을 보여줄 때

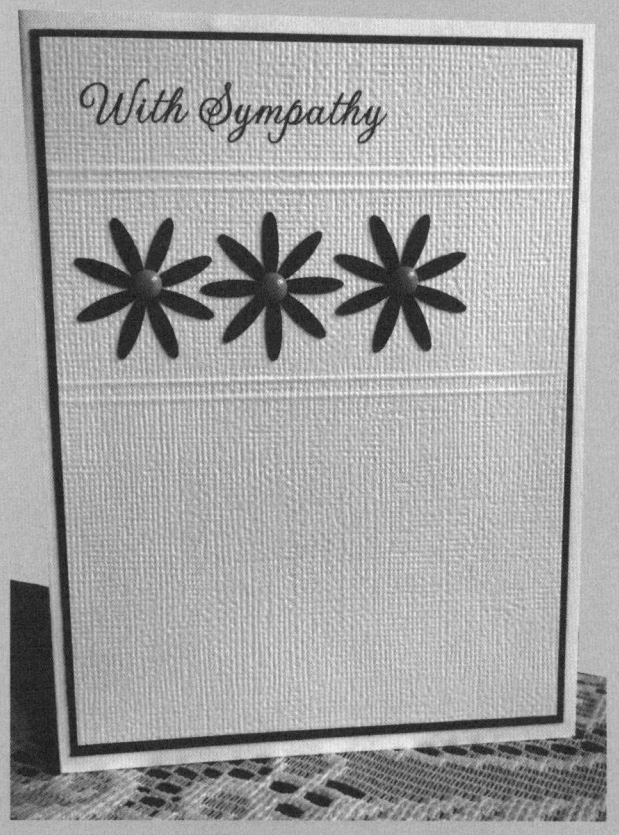

죽은 애마와 함께 사는 여동생

우리 부모님은 시골에서 가축을 길러 생계를 꾸려가는 축산농부였다. 하지만 젊은 시절 나는 우리 집이 잘살기 위해 동물을 키우고, 도축하는 것을 견딜 수가 없어서 고향을 떠나 런던으로 와서 저널리스트가 되었다. 이 결정이 내 삶에서 얼마나 중요한 단계였는지 그때는 미처 깨닫지 못하였다.

'영혼'이 그 모습을 보여줄 때

어느 날 나는 현명하고 친절한 사람들 덕분에 눈에 보이지 않는 멋진 세계로 들어가는 거대한 문을 보았다. 그 문은 눈에 보이지 않았다. 런던에 있는 모든 집, 거리, 연기, 냄새, 분주함, 눈물, 흥분 속에는 보이지 않는 멋진 세계로 가는 미지의 문이 있으며, 누구에게든 그 문을 열 수 있는 보이지 않는 열쇠가 주어져 있다는 것을 알게 되었다. 눈에 보이지 않고 감추어져 있지만, 인내심을 가지고 열심히 그것을 구하는 사람은 반드시 찾을 수 있다. 이것은 진실이다.

그들이 처음으로 문을 열었을 때, 눈에 보이지 않던 거대한 세계가 눈앞에 펼쳐졌다. 상상할 수 없을 정도로 빛나는 세계, 죽음이 존재하지 않는 세계가. 누구도 그렇게 가까운 곳에 멋진 세계가 있다고 생각할 수 없는 그런 세상이. 이 문의 열쇠를 찾도록 나를 격려해준 친절한 친구들에게 나는 얼마나 감사해야 하는지……. 그들은 내게 이렇게 크나큰 기쁨을 주었으며, 다른 세계를 이해하도록 해주었다.

처음에 나는 순수한 호기심으로 가득차 문을 열어 보았다. 그러자 그 모든 것의 장엄함이 내 앞에 펼쳐졌다. 나는 그 속으로 들어가 사후에도 저 세상에서 살아가는 사람들과 만났다. 그것은 짧은 만남이었다. 그렇지만 그 짧은 만남으로 인해 나는 눈에 보이지 않아도 경이로운 법칙이 지배하는 그 세계가, 우리들 영혼의 시야를 오랫동안 가려왔던 육체의 껍데기가 속한 이 세계보다 훨씬 더 멋진 세계라는 것을 이해하게 되었다.

여동생 키티는 사랑하던 애마가 죽자 너무 슬퍼해서 어떤 말로도 위로해줄 수가 없었다. 그래서 나는 동생이 애마의 영靈과 접촉할 수 있도록 영매靈媒인 메리 테일러Mary Taylor를 만나도록 설득하였다. 메리는 여동생에게 죽은 친구에 대해 자세하게 묘사하도록 시킨 후에 그 친구로부터 받은 메시지를 전해주었다. 그 메시지는 동생의 슬픔을 위로하는 데 커다란 도움이 되었다.

테일러는 이렇게 말했다.

"스텔라라는 이름을 가진, 영계靈界에 살고 있는 친구를 알고 있나요?"

키티는 잠시 친구들의 이름을 떠올려보더니 이렇게 대답했다.

"아뇨, 그런 친구는 없어요."

메리는 잠시 침묵한 후 다시 말했다.

"아…… 내가 너무 무심했어요. 스텔라는 여자가 아니라, 말이에요."

그러면서 여동생은 갑자기 흥분해서 의자에서 벌떡 일어섰다. 내가 원숭이를 지극히 사랑하였듯이, 여동생에게는 사랑하는 말이 있었던 것이다.

"물론이지요!"

여동생이 외쳤다.

"내가 사랑하는 암말이 바로 스텔라예요. 앞이마에 하얀 별처럼 생긴 무늬가 있어서 그런 이름을 지어주었지요('스텔라'는 라틴어로 '별'을 의미한다._역주)."

여동생은 스텔라를 너무 사랑했기 때문에, 죽은 친구로부터 메시지를 듣는 것만큼 스텔라 이야기를 듣는 것은 여동생을 생기 있게 만들었다. 메리는 이렇게 동생에게 전했다. 스텔라는 호수 근처에 있는 아름다운 푸른 목장에서 아주 행복하게 살고 있다고. 그러나 키티가 스텔라에 대하여 생각하거나 이야기할 때마다, 스텔라는 텔레파시로 여동생을 생각하고, 비록 모습이 보이지는 않아도 동생에게로 오고 있을지도 모른다고 말이다.

그 다음에 여동생을 만났을 때, 동생은 이렇게 말했다.

"아, 해롤드 오빠. 나는 스텔라와 나눈 영적 만남을 결코 잊지 않을 거야. 그 만남의 모든 것을 하나도 놓치지 않고 기억해둘 거야. 생각해봐. 내 귀여운 스텔라가 나를 만나려고 달려오는 모습을. 얼마나 멋져 보여."

그 후 여동생은 갑자기 새로운 여행을 떠났다. 그녀는 병원 침대에 차갑게 굳은 자신의 육체를 남겨 놓고 떠나버렸다. 키티의 육체는 워체스터셔Worcestershire 교회 묘지에 있는 나무 아래 묻혔으며, 봄이 올 때마다 묘지에는 꽃이 피었다. 그러나 그녀는 거기에 없었다. 아름다운 나뭇가지가 흔들리는 푸른 목장에 스텔라가 살고 있었는데, 그곳이 여동생이 사는 영계靈界의 집이었다. 그 집은 인간의 손으로 지은 집이 아니다. '벽돌이나 모르타르로 지은 것이 아니라, 지상에서 사는 동안 행한 친절한 행위들로' 지어진 집이었다. 여동생은 이승에서 행한 친절한 행동으로 저세상에서 자신이 거주할 집을 마런하였던 것이다.

영계靈界의 집은 여동생이 지상에 있는 동안 셀 수 없이 베풀었던 친절한 행위의 증거이다. 키티의 친절함을 어리석다고 생각한 사람들도 있었다. 그 말이 맞다고 하더라도, 다른 사람에게 친절한 인생은 자신에게 평화와 기쁨으로 보상하기 때문에 그것이 그렇게 어리석은 일이라고 할 까닭은 없다.

여동생의 집은 다른 집과 외따로 떨어져 있지 않았으며, 다른 친구들이 사는 '영계靈界의 집'과 아주 가까이에 있었다. 내가 여동생과 영적 만남을 할 때 종종 여동생은 이 친구들과의 일, 지상에서 살 때 좋아했던 고양이나 개나 다른 동물들과 있었던 일들을 이야기해 주었다. 그 녀석들은 지금도 여동생과 천국의 가족 구성원으로서 모두 함께 행복하게 살고 있었다. 영계靈界의 삶은 여러 가지 모습에서 지상에서의 삶과 비슷하지만, 훨씬 더 평화롭고 아름답다.

내게는 목사의 미망인 친구가 있는데, 그녀는 어린 시절 자신이 아끼는 암말을 타고 시골 들판을 달리기를 즐겼다. 전생론자轉生論者들은 전생에 그녀가 뛰어난 기병이었다고 주장하고, 마을 사람들은 그녀가 '말 위에서 태어났기' 때문이라고 했다.

    그녀가 말 타는 것에 관해 사람들은 이러쿵저러쿵 다양한 해석을 했지만, 그런 어린 시절도 훌쩍 지나갔다. 그러나 지금도 때때로 그녀는 자신의 집 주변의 나무가 아주 가까이에 있는 것처럼, 오래 전에 죽은 자신의 말이 영적靈的으로 가까운 곳에 있음을 느낀다고 말한다. 내가 앞에서 서술한 '눈에 보이지 않는 열쇠'를 그녀가 발견했기 때문이다. 그렇지 않았더라면 동물이 사후에도 계속 살아간다는 생각에 대해 그냥 코웃음치고 말았을 것이다.

배우 코트니 드롭의 개들

19세기 후반 빅토리아 시대의 유명한 배우였던 코트니 드롭$^{Courtney Thorpe}$은 개를 무척 사랑하여 작은 개들을 몇 마리 길렀다. 나이가 많이 들자 그는 죽음에 대한 두려움은 없었지만, 자신이 죽으면 개들에게 무슨 일이 일어날 것인지에 대해 매우 염려했다. 궁리 끝에 코트니는 자신의 개들을 '입양'하는 조건으로 일정한 유산을 친구에게 물려주기로 합의하였다.

코트니가 죽은 후 몇년 지나서 연세가 들어 보이는 여자 분이 내 거처를 찾아왔다. 영과 접촉하자, 한 노인과 그를 둘러싼 개들이 보였다. 개들은 때로 이 부인의 주변을 뛰어다니기도 하였다.

몇년 후, 개들은 한 마리씩 자신이 입양되었던 집을 떠나 저 세상으로 가는 문을 지나, 영계靈界에서 기다리고 있던 주인 코트니와 다른 개들을 만났다. 이제 코트니는 자신의 사랑하는 개들을 잘 보살펴준 그의 오랜 친구에게 감사의 메시지를 전하고 있다. 부인으로부터 들은 바로는, 개들이 지상에서 살고 있을 때는 부인의 집에 코트니의 영이 거의 살다시피 했지만, 개들이 영계靈界로 떠나고 난 후에는 그의 존재가 느껴지지 않는다고 한다.

기쁨의 출현

'비탄에 잠긴 성모 마리아'에게 경배하는 성당은 영국 전역에 수없이 많이 있다. 하지만 '기쁨의 성모 마리아'에게 경배하는 성당은 찾아보기가 얼마나 힘든가. 그러나 나는 기쁨의 감사를 표하기 위해 각지에서 사람들이 찾아든 성당을 본 적이 있다. 참 멋진 아이디어라고 생각한다. 그것은 자신의 병이 치유된

'영혼'이 그 모습을 보여줄 때

것에 감사를 표하기 위해 성당을 찾아온 한 한센병 환자를 생각나게 하였다. 내가 처음으로 그 성당에 갔을 때 그곳은 달콤한 향내가 나는 백합으로 장식이 되어 있었다. 나는 내 인생에서 즐거웠던 수많은 순간들을 헤아려보면서 감사의 마음을 표했다.

내가 성당에서 무릎 꿇고 있는 동안 개 목걸이와 개 줄을 손에 든 한 노인이 내 옆에 와 무릎을 꿇었다. 그의 얼굴은 행복으로 가득찼으며, 기도하는 것처럼 입술이 움직였다. 그는 그렇게 오랜 시간 있었다. 그가 나가려고 일어섰을 때 나는 성당을 나와 그와 이야기를 나누기 시작했다.

여러분은 왜 그가 감사하는 마음으로 '기쁨의 성모 마리아'를 경배하러 왔다고 생각하는가?

그에게는 로버라는 이름의 개가 있었다. 로버와 그는 함께 살면서, 접목을 한 장미처럼 항상 붙어 지냈다. 아침에 함께 쇼핑을 가고, 오후에는 함께 따뜻한 햇볕 아래 낮잠을 자고, 저녁 날씨가 좋을 때면 같이 오랜 산책을 했다. 어느 오후 낮잠을 끝낸 노인이 로버에게 말을 건넸지만, 아무런 답이 없었다. 개의 몸은 거기 그대로 있었

지만, 그것은 생명이 깃들지 않은 '껍데기'에 불과했다. 로버의 생명은, 늙고 약해진 육체로부터 스스로를 해방시켰던 것이다. 이것은 노인에게는 커다란 충격이었다. 그는 몇 주간 슬픔에 잠겼으며, 처음으로 외로움을 느꼈다.

그리고 내가 그를 만난 전날, 그는 아주 행복한 재회를 경험하였다. 낮잠을 자던 그는 개의 혀가 자신의 손을 핥는 따뜻한 느낌 때문에 깨어났다. 눈을 뜬 그는 아주 잠시 로버가 살아생전 모습 그대로 꼬리를 흔들고 있는 모습을 보았다. 한순간의 '영시靈視'였다. 하지만 너무 리얼하여 그는 즉시 그것이 꿈이 아니라는 것을, 상상력이 발동하여 만들어 낸 환영이 아니라는 것을 깨달았다.

"아, 아, 신이시여. 생각지도 못한 나의 사랑스러운 로버의 출현에 감사하나이다."

그는 열정적으로 이렇게 말했다. 로버를 만난 기쁨으로 인해 그는 '기쁨의 성모마리아'가 있는 성당을 찾아왔다.

우리는 조용한 곳을 찾아 생명의 존엄성과 죽음이 존재하지 않는다는 것에 대하여 오래도록 이야기를 나누었다.

버려진 동물을 구하는 사람들

사람이 오랫동안 살던 집을 떠나 멀리 떨어진 곳에 새로 집을 구하여 이사를 갈 때 동물들은 커다란 문제가 된다. 동물들은 지금까지의 환경에 익숙해져서 자기만이 좋아하는 산책로가 있고, 오후에 아무에게도 방해받지 않고 낮잠을 즐기기에 좋은 장소가 있으며, 또한 오랫동안 우정을 나눈 친구들도 있다. 내가 우려하는 것은, 많은 적을 만드는 것은 동물이 아니라 인간이라는 것이다.

그리고 동물은 낯선 거주지를 쉽게 받아들이지 못한다. 그래서 오래 살던 곳을 떠난 동물은 종종 자신이 사랑하고 '자신을 만들어준' 장소를 찾아 아주 먼 길을 여행하여 예전 집을 찾아가기도 한다. 그러나 옛 집에는 새로운 사람들이 살고 있고, 그 사람들이 키우는 애완동물이 있다. 오랜 여행으로 지친 동물은 돌아간 곳에서 환영받지 못하고, 버림받고 만다.

그러나 동물의 관점에서 보면 운이 좋게도, 내가 살던 옛 마을에는 어떤 노부인이 사는 집이 있는데, 동물들은 그 집을 '환영 모텔'이라고 불러도 좋을 것만 같다.

노부인의 작은 집은 당당한 느릅나무와 위엄 있는 너도밤나무가 길게 늘어진 조용하고 길다란 길에 외로이 서 있었다. 이 무자비한 세상에서 길을 잃어버렸거나 버려진 동물들에게, 벽돌담으로 둘러싸인 노부인의 정원은 사랑의 오아시스나 다름없었다. 이 마을에서 길을 잃거나 버려진 개, 고양이, 앵무새, 원숭이를 비롯해 당나귀, 염소 등 힘겨운 동물들이 이 사랑의 오아시스를 찾았다. 그곳은 모든 동물에게 따뜻한 집이었으며, 노부인은 자신의 자식을 사랑하듯이 편애하지 않고 똑같이 그들을 사랑해주었다.

노부인은 이 지방의 동물 보호자로, 새총을 가진 소년이나 토끼 덫을 가진 남자를 마주치면 크게 야단치기도 했다. 또한 노부인에게는 고양이에게 새를 건드리지 않게 가르치는 재주가 있어, 그녀의 정원에는 온갖 새집과 둥지가 있었다.

노부인과 그녀의 남편은 채식주의자였으며, 전혀 나이 든 사람처럼 보이지 않았다. 그 마을에서 가장 연로한 노인은 부인이 젊은 시절 '올드 미세스 어셔$^{Old\ Mrs.\ Usher}$'라고 불렸던 것을 기억하고 있을 정도였다.

당연하게 하늘에서 "당신은 선한 사람, 충실하게 좋은 일을 잘 했어요. 그 보답을 받으러 이리로 오세요."라고 울리는 목소리를 그녀가 들었다. 보이지 않는 문이 크게 열리고, 그녀는 자신의 새 집으로 서둘러 갔다.

영靈과 접속하기 위해 내가 다른 영매靈媒를 만날 때마다, 그들은 한결같이 동물을 사랑한 노부인과 그녀의 동물, 그리고 온갖 동물이 드나들었던 그녀의 정원에 대해 이야기한다.

언젠가 나는 당신에게 이야기할 것이다. 내가 어떻게 눈에 보이지 않는 문을 통과했는지를. 그리고 이 멋진 '대낮보다 더 밝은 땅'을 보기 위해, 그리고 그곳에서 만난 옛 친구들과 만나 어떻게 사는지 이야기하기 위해 현자賢子인 지도영指導靈과 함께 얼마나 헤매고 다녔는지를.

돌아온 헥터

내가 여섯 살 때 우리 집에는 헥터라는 이름의 몸집이 커다란 개가 있었다. 헥터는 하루에도 몇 번씩 나를 쓰러뜨린 다음 재킷을 입으로 끌어당겨 다시 일으켜 세우려 애를 쓰곤 했다. 만약 헥터가 아니라 어떤 다른 사람이 나에게 그렇게 했다면 나는 그가 아마 술 취한 주정뱅이라고 생각하고 두려워했을 게 틀림없다.

'영혼'이 그 모습을 보여줄 때

나는 헥터처럼 목이 말라 하는 개를 본 적이 없다. 헥터는 커다란 물통에 든 물, 웅덩이에 고인 물, 말의 수통^{水桶}에 담긴 물, 수도꼭지에서 떨어지는 물 등등 모든 물을 마셔버렸다. 만약 이런 물을 마실 수 없는 상황이 되면, 엄마의 스커트 자락을 당겨 물을 퍼내는 펌프로 끌고 갔다.

헥터는 20년 전에 죽었다. 런던의 골더스 그린$^{Golders\ Green}$에 있는 글로버 보햄$^{Glover\ Botham}$ 씨의 집에서 열린 물질화실험 모임에서 헥터가 모두의 눈앞에 물질화되어 나타나기 전까지 나는 헥터의 존재를 까맣게 잊고 있었다.

실험 모임의 중앙에 있는 나무 바닥에 물이 가득 찬 푸른색 도자기 볼이 놓여 있었다. 그것은 가끔 다양한 심령현상을 보조하여 강화해주는 역할을 한다. 물질화된 헥터는, 볼에 담긴 물이 무슨 목적으로 거기에 있는 것인지 생각해보지도 않고, 큰 소리를 내며 전부 마셔버렸다. 그런 다음 "어때, 내가 그렇게 바보처럼 보이는가?"라고 말하는 것처럼 크게 짖었다. 모임이 끝난 후 우리는 헥터가 짖는 소리를 옆집에 사는 두 명의 부인도 들을 수 있었다는 것을 알았다.

그 무렵 나는 다른 강령회^{降靈會}에 참가하였는데, 강

령회 도중 강렬한 붉은 빛이 가득 찬 방에 사랑스러운 청록색 잉꼬가 물질화되어 나타났다. 여덟 사람이 그곳에 있었다. 점점 청록색 안개가 참가자들의 머리 위로 움직이기 시작하더니, 엑토플라스믹ectoplasmic(영매의 몸에서 나오는 물질화 현상의 매체가 되는 물질_역주)의 형성물로부터 한 쌍의 잉꼬가 날아올랐다. 잉꼬는 방 주위를 날아다니다가 한 남자의 어깨 위에 내려앉았다. 2년 전에 그 새를 키웠던 주인이었다. 새는 고양이에게 '죽임'을 당했다. 잉꼬는 자신의 주인을 정확하게 알아보는 것 같았다. 아주 명료한 목소리로 마치 주인에게 호소하는 것처럼 "담배가 필요해."라고 말했기 때문이다. 잉꼬의 이 말을 듣고 모두가 웃었다. 아마 주인은 줄담배를 피웠고, 이 말을 자주 해서 잉꼬가 그 말을 흉내 내는 듯했기 때문이다.

동물 가운데는 아주 강한 생체자기를 내보내는 녀석들도 있어서, 어떤 영매靈媒들은 강령회에서 개나 고양이를 눈앞에 나타나게 한다. 알기 쉽게 얘기한다면, '동물들이 영적 힘을 내보내기' 때문인데, 이것이 강령회를 성공적으로 마치는 데 크게 도움이 된다.

즐거움의 빛에 둘러싸인 젖소우리

아주 깊은 시골에 농장을 소유하고 있는 친구가 있다. 그녀는 외양간에서 젖소의 젖을 짜는데, 그녀가 사는 집은 영적인 힘으로 가득 차 있다. 그녀는 나에게 다른 어떤 곳보다 자신의 거처에서 많은 영감을 받으며, 사랑스러운 비전을 본다고 말한다. 그녀의 말은 전적으로 옳다. '심장이 소음으로 가득 차 있는'

바쁜 생활 속에서, 근심걱정이 사방팔방에 그림자를 드리우고, 빨리빨리 재촉하는 말들이 난무하는 이러한 환경에서는 섬세한 세계와 영적인 교류가 힘들다.

외양간에서 그녀는 사랑하는 젖소들에게 둘러싸여 (젖소들도 그녀를 사랑했음이 틀림없다) 있었고, 그곳에는 평화가 있었다. 서로를 이해하는 길로 가는 평화가. 그와 같은 환경에서는, 하늘과 땅 두 개의 세계가 서로 끌어당기는 것 같았다. 그럴 때면, 그녀는 오래전에 천국으로 떠난 아버지와 어머니가 아주 가까이에 있음을 느꼈다. 부모님은 매일의 일상에서 어려운 일이 생기면 그녀에게 용기를 주고, 조언을 해주어 그녀가 가야 할 길을 빛으로 밝혀주었다. 사람들은 이 외양간을 성스러운 곳으로 생각하지는 않을 것이다. 그러나 하루에 두 번 그녀는 천사 그리고 대천사들과 행복한 영적인 교류를 한다. 달콤한 냄새가 나는 건초더미는 아주 오래전 예수가 태어나던 베들레헴의 말구유에서 나던 성스러운 향내 같았다. 자신의 외양간에 있을 때면 그녀는 물질의 세계 뒤에서 작동하고 있는 '보이지 않는 힘'을 깨달았다. 무아의 순간에 그녀는 깨달았다. 자연을 다스리는 신의 위대한 위엄을. 짐승과 새와 인간의 아버지인 신을. 모든 것의 조물주인 신을. 이 성스러운 곳에서 영적인 기쁨을 누리며, 그녀는 사랑이 넘치는 찬가를 만들었다. 스웨덴에서 부르는 이 찬가는 만물의 신을 찬양하며, 신의 깊은 은혜를 잊지 말아야 한다고 충고한다. 찬가의 가사는 다음과 같다.

신이 내려주신 관대함이 얼마나 많은지
나는 모두 말할 수조차 없네
반짝이는 아침 이슬처럼
신의 사랑은 아름답게 빛나네

이름도 없이 셀 수도 없이
밤하늘에 반짝이는 수많은 별들처럼
신의 사랑은 어두운 골짜기에서도
별들처럼 반짝이며 빛나네

신에 대한 나의 감사함을 잊지 않겠다네
신께서 보여주시는 사랑의 경이로움을

'영혼'이 그 모습을 보여줄 때

나는 모두 말할 수조차 없네

신이 모든 것에 쏟아주시는 그 사랑을

우리 다시 만날 수 있을까

천국의 네보

몇 년 전에 나는 한 부인을 알게 되었는데, 그녀는 젊은 시절 수녀가 되기를 원했었다고 했다. 그녀는 수련녀로 수도원에 들어갔지만, 3년 후 건강이 악화되어 다시 세속세계로 돌아왔다고 한다.

그녀는 '큰 것이든 아주 작은 미물이든 모든 생명체'를 사랑했는데, 생명에 대한 그녀의 사랑과 연민에 대한 이야기는 아주 널리 알려졌다. 사람들은 그녀의 삶이 '선한 행위라는 구슬로 만들어진 살아있는 묵주'라고 말했는데, 실제 그녀의 삶은 그러하였다.

그녀가 자신이 좋아하는 기도 구절을 나에게 가르쳐 주었는데, 나는 그 가르침에 대해 늘 감사드린다.

"오, 영원의 신이시여, 수없이 많은 형상으로 나타나시는 신이시여, 제가 모든 생명에 대해 경외하도록 하소서. 그것은 당신의 일부이기 때문입니다. 당신이 만든 것은 어떤 것에도 상처를 가하지 않게 하소서. 당신이 만든 것은 곧 당신이며, 당신의 사랑으로 감싸고 있는 것이기 때문이옵니다."

그녀는 이렇게 말하곤 했다. 지구는 인류가 자신의 선한 자질을 만들어가고 있는 신비로운 학습의 장이며, 사람을 향한 사랑이든 짐승에 대한 사랑이든 지구상에 넘쳐나는 사랑은 우리의 일과 행위를 가장 아름다운 것으로 만들어주고 있다고. 그리고 사랑을 주는 쪽과 받는 쪽 모두에게 축복을 주는 것이라고.

나는 어느 일요일 차를 마시러 그녀의 집에 들른 적이 있다. 차를 마신 다음 우리는 정원에 앉아서 영혼에 관련된 것에 대해 시간가는 줄도 모르고 이야기했다. 이미 땅거미가 지고 있었다. 나무와 관목이 길게 그림자를 드리우고, 밝은 금련화 꽃이 여기저기에서 빛나고 있었다. 그리고 키가 큰 경호원들이 열을 지어 서 있는 것처럼 접시꽃도 있었다.

때로 사람들이 이야기를 하는 도중에 갑자기 침묵이 끼어들면, 어떤 사람들은 "천사가 지나가고 있다"고 말을 한다. 우리들의 대화에 그와 같은 침묵이 흘러, 대화가 끊어졌다.

그때 우리 둘은 보았다. 사랑스러운 골든 리트리버가 만병초 사이로 난 작은 길을 따라 우리를 향해 뛰어오고 있었다.

"네보에요."

부인이 설명했다.

"당신이 네보를 보게 되어서 기뻐요. 모든 사람이 영靈을 볼 수 있는 것은 아니니까요."

네보는 이미 이 세상의 시계視界에서 사라져버렸지만, 우리 둘은 아직 네보가 거기 있다는 것을 확신했다. 단지 한순간이었지만, 그 모습은 아주 선명했다.

'영혼'이 그 모습을 보여줄 때

"그러니까, 인간과 마찬가지로 동물에게도 죽음은 단지 불멸의 삶에 이르기 위한 하나의 문이 아닌가요? 내 친구들이 모두 이것을 깨달았으면 좋겠어요."

내 친구는 자신의 친구 가운데 대부분은 죽은 다음에도 생명을 이어가고 있으며, 그녀의 정원에서 볼 수 있었다고 내게 말했다. 그녀는 심령주의자가 아니고, 누군가 그녀를 심령주의자라고 부른다면 화를 낼 터이다. 하지만, 어린 시절부터 그녀는 영감을 강하게 받았으며, 본인은 부인하겠지만 사실 그녀의 정원은 강령降靈의 장이었다.

그녀는 자신의 정원을 평화가 느껴지는 곳으로 만들었다. 그곳은 외적으로도 아름다운 정원이었지만, 그녀에게는 천국의 아름다운 작용이 드러나는 영혼의 정원이며 또한 심오한 정신이 외적으로 발현되는 곳이었음에 틀림없다.

그리고 어느 날 다른 사람들처럼 '그녀는 죽었다.' 그러나 이 말은 사실 얼마나 죽음에 대해 이해하지 못하고 하는 말인가. 그녀가 버린 것은 생명이 떠나간 껍데기 육체일 뿐이다. 그녀는 이미 지구에서 그리 멀지 않은 곳에 있는 순수한 기쁨의 세계에서 행복하게 지내고 있다. 그녀는 먼저 그곳에 가 있는 친구들과 다시 만나 새로운 우정을 만들어가고 있다. 네보는 꼬리를 마구 흔들며 그녀를 환영해줄 것이다.

천국에서
은인과 함께 살아가는 동물들

 위대한 현자인 닥터 제임스 타일러 켄트^{James Tyler Kent.}(미국의 유명한 동종요법^{homeopathy} 의사. 동종요법은 인체에 질병 증상과 비슷한 증상을 유발시켜서 치료하는 대체 의학의 일종. 기원전 4세기에 히포크라테스가 처음 원리를 발견하였으며, 1810년에 독일의 의사 사무엘 하네만이 연구 발표하면서 치료법으로 자리잡았다._역주)는 일찍

이 이렇게 말했다.

"전통이라는 것은 우리의 시야를 방해하기도 한다. 우리가 이해하지 못하는 것들에 대해서 조롱하는 경향은 우리가 태어날 때부터 선천적으로 내재한 것이다."

야생의 새를 사랑하던 —모든 야생 동물을 사랑했던— 친구가 '죽었을 때' 나는 이 말을 떠올렸다. 나는 교구의 목사에게 전통적인 묘비를 세우는 대신, 대리석으로 만든 새의 목욕통에 '모든 살아있는 생명체는 신이 만드셨다'라고 새긴 기념비를 세우는 것이 어떻겠느냐고 물었다. 목사는 화를 내며, "그런 잘못된 생각은 또 다른 잘못된 생각을 불러온다."라고 거부하였다.

"목사님, 그것은 나의 바람이 아닙니다. 나는 그것이 옳은 생각이라 믿으며, 그런 기념비를 세우는 것에 대해서 떠난 그도 동의할 것이라고 확신합니다."

그러나 매우 보수적인 목사는 이렇게 생각했다. 동물에게는 영혼이 없기 때문에, 천국으로 간 '충실한 신자들'은 동물에게 흥미를 잃어버리게 될 것이고, 이러한 기념비를 세우면 무지한 사람들은 신이 동물을 인간과 같이 중요하게 생각한다고 여기게 될 것이라는 것이다.

몇년 후 목사는 '죽었지만', 그가 자주 읽던 "너희 아버지께서 허락하지 아니하시면 참새 하나도 땅에 떨어지지 아니하리라"(마태복음 10장 29절_역주)는 성경 구절이 그저 상투적인 말이 아니라는 것을 발견하고 그가 얼마나 놀랄지 종종 생각해본다.

참새뿐만이 아니라 개와 당나귀 그리고 아담이 공들여 이름을 지은(전설이 사실이라면) 모든 동물이 죽은 다음에도 천국에서 살아가고 있는 것을 보면 그가 얼마나 충격을 받을까.

참새에 관한 또 하나의 이야기가 생각난다. 랭커스터 게이트Lancaster Gate에서 함께 살던 두 명의 여성참정권자와 나는 몇 년 동안 매우 친하게 지냈다. 둘은 모두 동물을 무척이나 사랑하였는데, 어느 날 날개가 부러진 참새 한 마리를 발견하였다. 둘은 정성을 다하여 새의 상처를 치료하였고, 새의 날개는 건강한 상태로 회복되었다. 회복된 새는 손에 놓인 모이를 먹기도 하며, 아주 친하게 되었다. 두 여성은 새를 다시 자연으로 돌려보내기 위해 놓아주려 했지만, 새는 떠나려 하지 않았다.

두 여성은 새의 이름을 스패드게이^{Spadgey}라고 지어주었다. 스패드게이는 둥지에서 지내는 것처럼 편안해 보였으며, 조지 왕조시대 풍의 거실에서 행복하게 지냈다. 밤이 되면 스패드게이는 벽난로 위에 있는 조각장식이 된 선반 위를 침소로 삼아 다음날 아침까지 곤하게 잠을 잤다. 창문은 언제나 열려 있었고, 스패드게이는 밖으로 드나들었지만 결코 이 집을 떠나려고 하지는 않았다.

때로 스패드게이는 창문틀에 올라가 깡총깡총 뛰어다니기도 하고 주변을 이리저리 살피기도 하는 것이, 마치 소음과 혼란으로 가득 찬 바깥세상은 자존심이 강한 자신에게는 적합한 장소가 아니라고 생각하는 것처럼 보였다.

스패드게이는 거실에 있을 때 아주 편안해 보였다. 때로 거울에 비친 자신의 모습을 볼 때는 아주 시끄럽게 재잘대었고, 독백하듯 조용하게 짹짹 울어대는 적도 있었다. 두 여성은 스패드게이의 그런 모습을 사랑하였다. 가끔 스패드게이는 두 여성의 어깨 위에 앉아 마치 아주 깊은 비밀을 털어 놓는 것처럼 낮게 속삭이듯 울어댔다. 그럴 때면 내 친구들은 "정말?" 혹은 "그래서?"

라고 맞장구를 쳐주었으며, 이런 반응에 힘을 낸 스패드게이는 머리를 까닥이면서 자신의 이야기를 더 열심히 공들여 하는 듯한 모습이었다. 정말 즐거운 시간이었다. 스패드게이도 그녀들과 마찬가지로 행복했던 시간이었을 것이라고 나는 확신한다.

3년 후 원인은 결국 알 수 없었지만 스패드게이는 깃털로 덮힌 지상에서의 몸을 떠났다. 자신을 극진히 돌봐주었던 지상에서의 친구들 곁을 떠나, 눈에 보이지 않는 세계인 영계靈界로 갔다. 우리는 스패드게이를 얼마나 그리워했는지! 스패드게이는 종종 영시靈視로 목격되고 있다. 스패드게이를 간호하여 상한 날개를 회복시켜준 두 여성들도 이제는 혼魂의 세계로 떠나, 스패드게이와 다시 함께 살고 있다. 나와 다른 몇몇 영매靈媒들이 혼과 접속할 때 그들의 모습이 종종 보인다.

'영혼'이 그 모습을 보여줄 때

3

동물들은 결코
사랑을 잊지 않는다

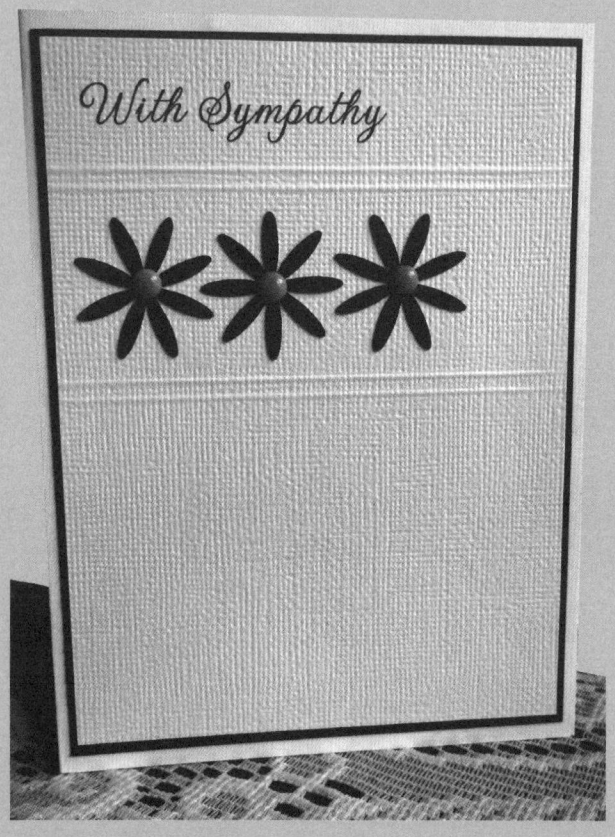

사별한 남편과 이웃집 개

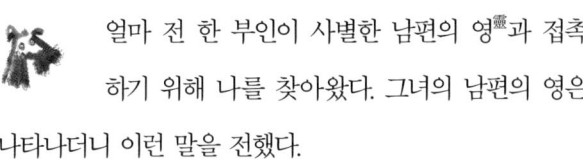 얼마 전 한 부인이 사별한 남편의 영(靈)과 접촉하기 위해 나를 찾아왔다. 그녀의 남편의 영은 나타나더니 이런 말을 전했다.

"이웃집 개와 함께 잘 지낸다고 아내에게 전해주세요. 아내가 기뻐할 겁니다."

나는 남편의 메시지를 전했고, 부인은 이렇게 대답했다.

"2년 넘게 남편은 중병에 걸려 극심한 통증에 시달렸어요. 날씨가 좋은 날이면 잔디밭에 있는 간이 의자에 앉아 시간을 보냈지요. 남편은 바깥 공기를 좋아했어요. 우리에게는 개가 없었는데, 옆집에서 도둑을 잡는 개를 한 마리 키우고 있었어요. 옆집 사람들은 개에게 먹이를 주었지만, 사랑을 주지는 않았지요. 그저 돈을 주고 사온 '물건'으로 취급했답니다.

남편은 그것에 대해 상당히 유감스럽게 생각했으며, 개에게 연민을 느꼈던 게 틀림없어요. 그런데 언제인지 우리집과 옆집 경계인 울타리에 구멍이 생겼어요. 구멍은 점점 커져서 개가 드나들 수 있을 만한 크기가 되었지요. 옆집 개는 매일 우리 집에 와 남편에게 즐거움을 주었고, 남편과 멋진 친구가 되었어요. 그러나 옆집 사람들은 자신들의 개가 우리집 정원에서 더 즐거워하는 것을 보고 질투를 하였지요. 어느날 옆집 남자가 총으로 개를 쏘았어요. 그게 자신의 질투, 분노를 표현하는 방법이었지요. 남편은 가슴이 찢어진 아이처럼 울었어요. 영매(靈媒)를 만난 것은 이번이 처음이지만, 남편이 사랑하던 그 개와 같이 있다는 것은 참으로 멋진 일이에요. 그 사실을 알아서 나는 정말 행복합니다. 그들이 같이 있어서 행복하다는 것을 알기 때문이죠."

노병에게 나타난 환영幻影

이해할 수 없는 인간의 심령적 능력은 그러한 것을 전혀 경험하지 않았던 사람, 누군가가 영적인 체험을 이야기해도 믿지 않던 사람에게 어느 날 갑자기 나타나기도 한다.

우리 마을에 한 노인이 살았는데, 그는 오래 전에 하루툼Khartoum에 있는 키치너Kitchener(1차세계대전 당시 영국의 전쟁장관으로, 수단을 정복하였다_역주) 원수 휘하에서 전투에 참가하여 싸웠었다. 그에게는 전쟁터의 수많은 무용담이 있었으며, 마을 소년들은 그 노인의 부엌에 앉아 노병이 들려주는 무용담을 듣는 것을 좋아했다.

"더 이야기해 주세요."

이렇게 소년들은 요청하였다. 아마도 몇 년 동안 똑같은 무용담을 수도 없이 들었을 테지만, 소년들은 별로 개의치 않았다. 노인은 이야기를 재미있게 해주는 재주가 있어서 그렇게 노인을 둘러싸고 앉아 이야기를 들으면서 즐거운 저녁 시간이 흘러갔다.

노인에게는 개가 한 마리 있었는데, 나는 그 개의 이름을 알 수 없다. 왜냐하면 노인은 늘 그 개를 '늙은 화냥년'이라고 불렀기 때문이다. "해롤드, 문 좀 열어주게나. 늙은 화냥년이 들어오고 싶어 한다네."처럼.

나는 몇 년 동안 런던에서 살았는데 고향의 공기를 마시고 싶은 생각이 들어, 휴일에는 고향에 있는 오래 된 마을로 내려갔다. 그곳에서 나는 그 노인을 만나러 갔다.

"당신이 심령학 연구에 열심이라고 들었어요."

노인이 말했다.

"네, 그렇습니다."

내가 대답했다.

"매우 흥미로운 주제이지요."

"그렇다면 이제, 제가 무언가를 좀 이야기해도 괜찮겠습니까?"

그가 물었다.

"이 시골에서는 아무에게도 감히 말할 수 없었던 이야기입니다. 만약 이야기한다면, 사람들이 나를 정신병원에 들어가야 한다고 생각할지도 모를 터이니까요."

그런 다음 그는 다음과 같은 이야기를 들려주었다.

"어느 날 나는 오전 내내 들에서 감자를 심었어요. 저녁때가 되어 집에 돌아온 나는 스튜가 담긴 소스팬을 불에 올려 놓았어요. 그런 다음, 종일 일을 해서인지 등이 아팠기 때문에 스튜가 데워지기까지 소파에 누워 있었어요.

그런데 갑자기 부엌의 벽이 사라진 것처럼 보였어요. 그리고 밖으로 푸른 잔디가 보이는 커다란 창이 열려 있는 모습이 보였어요. 잔디 위에 둥근 테이블이 있었는데 코바늘로 뜬 사랑스러운 테이블보로 덮여 있었지요. 테이블 주위에는 여러 개의 의자도 놓여 있었어요. 거기에 아버지, 어머니, 고모가 앉아 있었고, 내 '늙은 화냥년'(당신은 이 개를 기억할 거예요. 이곳에 살기 시작하면서 그 개와 처음 만났고, 개가 죽은 지 2년이 넘었군요)이 어머니 발밑에 앉아 있었어요. 나는 어머니가 아버지에게 "톰이 이곳에 오려면 꽤 험난한 길을 거쳐야 할 것 같아요."라고 말하는 소리를 들었어요. 톰은 아일랜드에 사는 나의 형이지요."

"어머니가 이야기를 마치기도 전에 톰이 특유의 걸음걸이로 다가오더니, 아버지 어머니 고모에게 키스를 했어요. 늙은 화냥년은 매우 환영한다는 듯이 톰의 주변을 뛰어다녔답니다. 톰은 더블린으로 가기로 결정하면서 개를 내게 주었지요.

나는 내 눈앞에서 보이는 이 모든 것에 놀랐어요. 그러나 앗, 하고 놀라기도 전에 부엌의 벽이 나타나면서, 잔디도 사라지고, 가족들도 모두 사라져버렸습니다.

그로부터 이틀 후 나는 톰이 저녁 식사 도중 뇌졸중으로 의식을 잃고 쓰러져 죽었다는 소식을 들었습니다. 늙은 개를 포함하여 잔디 위에 있었던 나의 가족들은 모두 죽은 사람들입니다. 그래서 나는 당신이 연구하는 심령주의에 무언가 있는 것이 틀림없다고 생각했습니다. 그러나 제발, 우리 마을 사람들에게 오늘 내가 한 이야기는 비밀로 해주시기 바랍니다. 그들에게 이런 이야기를 할 이유가 없다는 것은 당신도 잘 알고 있을 겁니다."

이 노인은, 지금은 이 세상에 없다. 형인 톰처럼 그도 잔디 위에 모습을 보였던 가족들에게 돌아갔다. 그가 길렀던 늙은 개도 노인을 환영할 것이다. 노인은 투박하기는 했지만 자신만의 방식으로 개를 무척 사랑했기 때문이다. 마을 소년들은 노인이 살던 오두막 정원에서 향쑥과 인동덩굴 향기가 달콤하게 나는 꽃다발을 한아름 들고 노인의 장례식에 참석하였다. 장례식에서 관에 노인은 없었고, 대신 그가 생전에 마지막까지 쓰던 물건들이 담겨져 있었다. 나는 예수의 시신에 바를 향유를 가지고 예수의 무덤을 찾았던 성경 속의 여인이 생각났다. 여인이 무덤을 찾았을 때 그곳에 예수가 없었던 것처럼, 소년들이 향기 나는 꽃을 들고 찾아왔지만 노전사는 이슬에 젖어 있는 저 세상으로 가고 없었다.

넬은 그곳에 있다

나는 언젠가 휴일에 황금색 옥수수 들판을 마주하고 있는 시골 오두막에 머물렀다. 들에는 주홍빛 야생 양귀비가 피어 있었다. 오두막은 길가에 인접해 있었다. 보도 대신 차도만 있었고, 길가에 바로 현관 계단이 있었다. 오두막집 뒤에는 긴 정원이 있었는데, 정원 끝에는 사과나무가 자라는 조그만 과수원이 있었다.

이 과수원에 있는 커다란 석판에는 '우리의 넬'이라는 아주 간단한 글이 새겨져 있었다.

몇년 전 과수원 주인이 길을 잃어버린 개를 발견하였다. 그들은 개의 주인을 찾아주려고 노력했지만 주인을 찾을 수 없었고, 결국 그 개는 그들의 가족이 되었다.

"넬에게서는 악의라고는 하나도 찾아볼 수 없었어요."

주인은 몇 번이고 반복해서 이 말을 했다. 일요일 산책은 넬에게 큰 즐거움이었으며, 주인과 함께 들과 숲과 조용한 시골길을 산책하였다.

"넬은 자신의 조그만 개집을 잘 아는 것처럼 어느 날이 일요일인지를 정말 잘 알았어요."

그가 말했다.

그는 평일에는 산책을 할 시간이 없었지만, 일요일은 날이 좋든 궂든 넬을 위해 함께 시간을 보냈다. 넬은 토끼구멍이 어디에 있는지, 쥐가 있는 하수구가 어디인지 잘 알았다. 가끔 넬은 멀리서 다른 개가 짖는 소리를 들으면 귀를 쫑긋 세웠으나 다투거나 싸우지는 않았다. 드물지만 아주 가끔은 혼자 차가 다니는 길에 나가기도 했다. 그러던 어느 날 넬은 혼자 길에 나갔다. 갑자기 차가 나타났

고, 넬은 갑작스럽게 죽음을 맞이하였다.

넬은 지금, 주인과 함께 산책을 할 날은 언제일까 기다리면서 천국의 들판과 길에서 계속 시간을 보내고 있다. 과수원에 묻힌 것은 단지 넬의 껍데기인 몸일 뿐이다. 그러나 과수원 오두막에서 주인들이 넬에 관한 이야기를 할 때, 넬은 귀를 쫑긋 세우고 이 세상의 경계를 훌쩍 넘어와 주인들 곁에 앉는다. 물론 주인들은 넬을 볼 수 없다.

내가 처음으로 넬의 모습을 본 것은, 주인들이 넬에 관한 이야기를 할 때였다. 정말 사랑스러운 생명체의 모습이었다. 나는 주인들에게 넬이 나타났다고 말했지만, 그들은 내 말을 믿으려고 하지 않았다. 그러나 먼 훗날 그들이 이 세상을 떠나 넬이 있는 곳으로 가게 되는 날 그들은 삶이 곧 끝이 아니라는 것을 깨닫게 될 것이다.

하나 하나의 생명은 신이 만든 무한의 왕국의 일부분이다. 버밍엄^{Birmingham}의 아델리 신부$^{Father\ Addley}$는 인간이란 존재를 '황금을 쫓는 탐욕자'라고 정의하였다. 그렇게 탐욕스러운 존재인 인간도 죽은 이후에 계속 살아간다면, 넬이 저세상에서 삶을 계속 이어가는 일은 너무도 당연한 것 아니겠는가? 그리고 넬에게 사후의 삶이 있다면, 우리와 함께 이 지상에서 살다 죽은 사랑스러운 반려동물들도 죽은 다음에 저 세상에서 계속 살아가고 있는 게 당연한 일 아니겠는가.

낸시는 포니와 재회했다

낸시 커나드$^{Nancy\ Cunard}$는 어린 시절 조랑말 셰틀랜드 포니$^{Shetland\ pony}$를 길렀다. 낸시는 그 조랑말을 아주 좋아했으며, 사람들에게 이야기를 하듯이 말에게 이야기를 하곤 했다. 낸시가 말에게 이야기하는 모습을 보면 사람들은 조랑말이 낸시가 하는 말을 알아듣는다고 생각할 정도였다. 낸시 부모님은 너무나 바빠 관심을 가지고 낸시를 돌볼 시간이 없었으며, 낸시는 새디스트(낸시는 그렇게 생각했다) 성향의 가정교사에게 맡겨져 엄격한 관리를 받았다. 무서운 가정교사에게서 탈출할 때마다 낸시는 포니가 있는 마구간으로 발길을 향했다. 낸시는 포니에게 힘든 일들을 고백했으며, 즐거운 일이 있을 때도 역시 포니에게 이야기를 했다. 성경에 이런 구절이 있다. "기뻐하는 사람들과 함께 기뻐하고, 슬퍼하는 사람들과 함께 슬퍼하라." 포니는 이 성경구절을 몸소 실천한 듯이 보였다. 낸시도 그렇게 생각한 것처럼 보였다.

포니가 죽었을 때 낸시의 슬픔은 이루 말할 수 없이 컸다. 낸시는 진정한 친구를 잃었다고 느꼈다.

지상에서의 삶이란 풀기 어려운 수수께끼의 이상한 복합체처럼 보인다. 우리는 종종 빛을 찾기 힘들어 오랜 시간 어둠 속에서 손을 더듬는다. 그러나 우리가 선택한 길이 항상 바라던 곳으로 우리를 인도해주지는 않는다. 그 기나긴 과정을 통해 우리들 각자의 인격이 만들어진다. 여행의 끄트머리에서 지그재그로 험난했던 길을 되돌아보면, 길에 일정한 패턴이 있음을 알게 된다. 그리고 이때 우리는 '마음의 조용한 목초지'에서 혼란으로 가득 찬

이 세계의 문을 넘어 '모든 것에 대한 앎이 모든 것에 대한 용서'가 되는 세계로 들어가게 된다.

낸시는 모험에 가득 찬 많은 시간을 보낸 뒤, 세상을 떠났다. 죽은 뒤 며칠 안 되어 낸시의 영靈은 나의 강령회 방을 방문하였다. 그리고 이 세상을 건너 간 곳에서 자신의 눈을 처음 사로잡은 것은, 베르트Bert라고 했다. 베르트는 낸시의 마구간에서 일하던 소년이었는데, 낸시의 사랑스러운 셰틀랜드 포니를 낸시에게 재회시키려고 데리고 왔다고 말했다.

'신의 사랑'은 인간의 마음으로는 도저히 측량할 수 없을 정도로 넓고 크다는 것을 낸시는 그때 처음으로 깨달았다고 한다. 신은 인간의 세계를 그리고 세상 모든 만물을 만드셨다. 인간이 만든 문명을 돌아보면 그것이 진짜인지 아닌지 의아하게 생각되기도 한다. 그리고 우리의 문명을 만든 것은 신이 아니라 우리 자신이며, 이러한 문명세계는 신의 의지에 반反하는 것이라는 것을 깨닫는다.

집시 소년과 갈까마귀 잭코

런던에 있는 굿 셰퍼드$^{Good\ Shepherd}$ 교회(이 얼마나 사랑스러운 이름인가)는 매달 아픈 동물을 치료해주는 봉사활동을 한다. 나는 이 봉사활동에 자주 참가하고 있으며, 멋진 성과를 거두는 것도 보았다. 온갖 종류의 동물과 새들이 치료받기 위해 이 교회에 왔다. 어느 일요일, 한 젊은 집시가 자신의 갈까마귀를 데리고 왔다. 평소 나는 집시의 삶에 관심을 가지고 있었으며, 사람들이 집시의 삶에 대하여 오해하고 있는 것이 많다고 생각했다. 집시 소년이 데려온 갈까마귀에 매료된 나는 봉사가 끝난 후 집시 소년에게 말을 건넸다.

소년은 갈까마귀 잭코^{Jacko}를 2년 동안 길렀는데, 잭코는 한시도 그의 곁에서 떨어지지 않았다. 그러나 어느 날 갑자기 잭코는 사라져버렸다. 소년은 잭코를 오랫동안 찾아 헤맸으나, 찾지 못했다. 그러던 어느 날, 잭코가 부러진 다리를 절면서 소년의 집으로 돌아왔다. 소년은 잭코가 덫에 한쪽 다리가 걸렸던 것이 아닌가 추측했다.

집시 소년은 컴프리^{comfrey}(잎이 크고, 작은 종 모양의 꽃이 피는 지칫과의 여러해살이 약용 식물) 고약을 발라 단단히 다리를 고정시켰지만 낫지 않았다. 그러던 중 굿 셰퍼드 교회에서 치료 봉사를 한다는 소문을 듣고 신에게 의지해서라도 잭코의 다리를 고치는 것이 최선이라는 희망을 안고 메이든헤드^{Maidenhead}에서 런던까지 달려왔다.

"너는 아마 모를 거야."

집시 소년은 자신의 친구에게 말했다.

"나는 화가 날 때 '이런, 제기랄!' 하고 말하지. 부지불

식간에 속마음이 튀어나오는 거야. 어쨌든 나는 한 번 더 무엇이든 해볼 거야."

나는 그 새의 발이 치유됐다는 이야기를 듣고 기뻤다. 몇 년 동안 나는 집시 소년과 연락을 주고받았으며, 가끔 그는 잭코를 데리고 나를 보러 왔다. 잭코는 밝고 빛나는 물건을 모두 좋아하였는데, 그런 물건이 생기면 책이나 접시 밑에 감추었다. 바깥에서 자신이 좋아하는 물건을 만나면 나뭇잎이나 돌멩이 아래에 숨겼다.

잭코는 특히 6펜스짜리 동전을 아주 좋아했다. 6펜스짜리 동전은 작아서 잭코가 다루기에 좋았으며, 부리로 물고 날아갈 수도 있었기 때문이다. 그럴 때면 잭코는 아주 즐거워했다. 잭코는 안전하게 숨길 장소를 발견하면 그곳으로 슬쩍 밀어 넣어 감추었는데, 그러고는 마치 "한번 찾아보라지." 하고 말하는 것처럼 의기양양한 모습이었다. 만약 누군가 감춘 동전을 찾으려는 시늉이라도 하면 잭코는 날개를 쭉 펼치고, 부리를 넓게 벌려 마치 욕을 하는 것 같은 제스처를 보였다. 그러나 그것은 단지 쇼이고, 게임의 하나일 뿐이었다. 잭코는 그럴 필요가 있다고 생각될 때면 한 시간이 넘게 자신의 보물을 곁에서 지키기도 했다. 일단 자기에게 주어진 것은 결코 손에서 놓으려고 하지 않았다!

3년인가 4년의 시간이 흐른 후 집시 소년은 멋진 신사가 되었다. 어느 날 그가 전화를 해서 나는 "잭코는 잘 지내나?" 하고 물어 보았다. "아, 가엾은 잭코는 총에 맞았어요."라고 소년이 대답했다.

"잭코가 길들여진 까마귀라는 것을 모르는 몇몇 농부가 자신들이 키운 옥수수를 먹는다고 오해해서, 총으로 쏘아 죽게 만들었어요."

"음, 그러나……" 나는 말했다.

"잭코는 죽은 게 아니라네. 잭코는 농부가 총을 가지고 다니지 않는 저 세상에서 잘 살아가고 있다네. 자네가, 언젠가 그것을 깨달았으면 하네."

우리 둘은 차를 마시면서 이야기를 나누었다. 차를 마시는 것은 하루 중 이른 시간이든 늦은 시간이든 상관없이 어느 때라도 즐겁게 마시면서 친밀한 교감을 나눌 수 있는 매개가 된다. 집시 소년은 나에게 잭코가 계속 살아 있다고 생각하는 이유가 무엇이냐고 물었다. 그래서 나는 독자들에게 내가 이미 말한 것들을 그에게도 이야기해주었다. 그러나 그는 내가 말하는 것들을 확실하게 믿는 것처럼 보이지는 않았다. 그가 내가 말하는 모든 것을 확신하려면 개인적인 체험이 필요한 것 같았다.

"자네는 굿 셰퍼드 교회에서 신의 힘을 경험했네."

나는 말했다.

"그것은 눈에 보이는 우주와 눈에 보이지 않는 우주 모두를 움직이게 하는 힘이라네. 생명의 힘은 살아있는 모든 생명체 가운데 존재하는 것이며, 그것은 내가 '외적인 삶의 힘'이라고 부르는 것에 따른다네.

잭코는 날개에 덮인 육체를 갖고 이 세상에 나타난 하나의 생명체로, 자네가 그것에 하나의 이름을 부여해준 걸세. 인간의 육체가 어느 날 소멸되는 것처럼 날개로 덮인 잭코의 육체 또한 당연히 이 세상에서 언젠가 소멸하는 운명을 지닌 거지. 그러나 생명은 그런 소멸에서 본질적으로 자유로운 거라네."

"잭코는 죽지 않았다네. 왜냐하면 생명은 영원하기 때문이지. 자네가 잭코라고 부르는 생명체는 결코 소멸하지 않는다네. 단지 잭코를 감싸고 있던 껍데기만이 이 세상에서 사라진 것뿐일세. 어느 날 자네의 육체가 죽어 화장

되거나 땅에 묻힌다 해도 자네의 생명은 소멸하는 게 아니란 말일세. 자네는 이 세상보다 훨씬 더 멋진 세상에서 계속 살아갈 것이고, 잭코가 자네를 기쁘게 맞으러 오는 것을 보고 깜짝 놀랄 것일세."

우리는 계속 이야기를 나누었다. 아니 내가 그에게 이야기를 해주었다고 하는 게 더 맞는 말일 것이다. 그는 내 말을 주의 깊게 경청하였다. 내 이야기를 들은 그는 혼란스러워 하는 것처럼 보였지만, 나에 대한 신뢰를 바탕으로 가능한 한 내가 들려준 것들을 많이 받아들이는 것처럼 보였다.

훗날 나는 독자 여러분에게, 집시 소년의 생명이 영원히 계속되는 것이며, 지상에서의 삶은 너무 짧은 것이라는 것을 의심 없이 알게 되는 때를 말해주고 싶다. 그러나 신이 만들고 주관하는 천국의 정원의 문을 통과하는 순간까지 그는 모를 것이다. 그가 그 세상에서 얼마나 잘 살아가는지 나는 독자 여러분에게 이야기해줄 순간을 기다릴 터이다.

그러나 우선 나는 조그만 고양이에게 일어났던 작은 사건을 먼저 이야기하고 싶다. 이 이야기의 서두는 종종 다른 사람들에게 이야기했지만, 이야기의 결말은 지금껏 누구에게도 얘기한 적이 없다.

사진에 나타난
다른 세계의 고양이

내 여동생은 토미라는 이름의 고양이를 길렀다. 회색에 가까운 검은 털을 가진 고양이였다. 여동생은 다른 고양이보다(전부 4마리를 길렀다) 토미를 훨씬 더 사랑했던 것 같다. 그런데 어느 날 토미는 사라져 밤이 되어도 집으로 돌아오지 않았다. 여동생은 거의 공황 상태가 되었으며, 일주일이 지나도록 토미에 관한 어떤 소식도 들을 수 없었다. 여동생은 토미의 키, 털 색깔, 이름, 특별히 넓은 얼굴 등등 토미에 관한 자세한 묘사를 한 광고를 지역신문에 게재하였다.

그러자 수마일 떨어진 곳에서 편지가 왔고, 편지를 보낸 사람들은 모두 동생이 잃어버린 고양이를 보았던 것처럼 보였다. 여동생은 고양이를 찾아 이곳저곳을 헤매어 다녔으며, 최후 수색장소는 생선튀김 가게였다. 생선냄새가 나는 그 가게에 며칠 전 길을 잃은 고양이 한 마리가 들어오더니 아예 자리를 잡았다고 한다. 그러나 계산이 빠른 가게 주인은 고양이가 가게에서 판매하고 있는 것을 먹어버릴까봐 걱정했다고 한다.

"아니요. 그 고양이는 제가 찾는 고양이가 아니예요."

여동생은 말했다.

"그렇다면, 그 고양이를 물에 익사시켜야겠네요."

가게 주인은 이렇게 대꾸했다. 아마 이렇게 말하면 동생이 어떤 반응을 보이는지 알고 싶었던 모양이다.

"아, 그렇게 하면 안돼요."

여동생이 말했다.

"그렇게 작고 예쁜 아이를 물에 빠트려 죽이는 것은

범죄나 마찬가지예요."

여동생과 가게주인은 잠시 실랑이를 벌였는데, 동생이 말했다.

"음, 제가 찾는 고양이는 죽은 거 같아요. 이 고양이를 대신 데려가 기르겠어요."

여동생은 그 고양이를 데려오기 위해 가게주인에게 돈을 지불하고 집으로 데려왔다. 잘 먹이고 돌보아주자 아주 사랑스러운 고양이가 되었다. 어느 날 정원에 있는 의자 위에서 데려온 고양이와 나머지 고양이들이 놀고 있을 때였다.

"다들 정말 귀엽군."

여동생은 이렇게 말하면서 뛰어가서 카메라를 가져와 사진을 찍었다. 필름을 현상하자 사라졌던 토미의 머리가 블랙키 머리와 함께 사진에 찍혀, 블랙키 머리가 두 개로 보였다. 아마추어가 찍은 멋진 심령사진이었다. 사진에 나타난 토미의 넓은 얼굴은 평이한 형태의 까만색 블랙키의 얼굴과는 확연히 달라 보였다.

새끼 고양이가 가져온 행복

고양이에 관한 에피소드가 하나 더 있다. 오래전 심령주의 연구에 처음으로 흥미를 느꼈을 무렵, 나는 매주 토요일 밤이면 골더스 그린Golders Green에 있는 집을 방문하였다. 그곳에서 우리들 넷 혹은 다섯 명은 항상 조그만 원형 테이블에 둘러앉았다. 이른바 '테이블 강령회'였다.

그 집 주인의 아들 윌리 볼드윈$^{Wille\ Baldwin}$은 영靈의 세계를 통과해 가서 영과 커뮤니케이션을 하였다. 윌리는 아주 빨리, 그리고 명확하게 영으로부터 전해오는 톡톡 때리는 음의 암호를 해석하여, 그 메시지를 모두에게 전해주었다.

어느 날 밤, 회합이 끝나갈 무렵 암호의 음이 "죽어가고 있는 생명체를 구하기 위해 해롤드에게 말하여라. 비록 아주 작은 미물일지라도 운명에서 중요한 역할을 맡고 있는 것이다."라는 메시지를 전해왔다. 우리들은 이 메시지가 무엇을 의미하는지 알 수 없어서 다시 영靈에게 질문하였지만, 힘이 약해져서 답을 들을 수가 없었다.

강령회가 끝났을 때 평소와 같이 여주인은 차와 케이크를 가져와서 우리는 즐거운 환담의 시간을 가졌다. 시간이 늦어 각자의 집으로 돌아가기 위해 현관문을 열자 세찬 눈보라가 치고 있었고, 길에는 눈이 흩날리고 있었다. 그런데 문 앞 계단에 버림받아 길을 잃은 것처럼 보이는 작은 고양이 한 마리가 있었다. 나는 즉시 그 고양이가 우리 집 근처에 있는 정원 문에 앉아 가끔 말을 걸던 그 고양이라는 것을 알아차렸다.

"여기 아까 그 암호, 미스터리의 해답이 있네요."

나는 말했다.

"여기 구조받아야 할 죽어가는 생명체가 있어요."

이렇게 말한 다음 나는 고양이를 편안하게 내 코트 안에 넣어 껴안은 다음 출발하였다. 고양이 주인집에 도착해 초인종을 누르자 실내복을 입은 한 남자가 문을 열어주었다.

"이것이 당신 고양이가 맞지요? 골더스 그린에서 이 고양이를 발견했답니다."

나는 말했다.

남자는 내가 자신의 고양이를 어떻게 알고 있는지, 그리고 어디에서 발견했는지 무척 궁금해했다. 나는 강령회와 영靈으로부터 받은 메시지에 대해 남자에게 이야기했다. 남자는 나를 집 안으로 초대하여, 전기 히터를 틀었다. 우리는 다음날 날이 샐 때까지 이야기를 나누었다.

남자는 자신의 이야기를 들려주었는데, 무척 슬픈 이야기였다. 불과 얼마 안 되는 시간 동안에 남자의 아내, 어머니 그리고 아들까지 세상을 떠났고, 그는 혼자 외로이 남겨져 낙담의 시간을 보내고 있었다. 그러다가 이제 고양이마저 잃어버렸던 것이다. 내가 강령회에 대해 이야기하자 그는 이렇게 말했다.

"나는 심령주의에 대해 전혀 아는 것이 없습니다. 그러나 나는 내게 삶의 의지를 갖게 해줄 무언가가 지금 필요합니다. 당신이 말하는 강령회에 내가 가도 될까요?"

얼마 지나지 않아 헬렌 던칸$^{Helem\ Duncan}$이 골더스 그린에서 강령회를 개최하였다. 나는 가족을 잃은 이 남자를 데려갔다. 갈 때는 비애에 젖어 있던 이 남자가 그날 모임이 끝날 무렵 이렇게 말했다.

"괜찮으시다면 같이 집까지 걸어가도 될까요? 지금 나는 마치 구름 위를 걷는 것만 같아요. 너무 멋진 일이어서 말로 이 기분을 다 표현할 수가 없군요."

그날 강령회에서 그는 물질화된 아들을 만나 키스를 하고, 그의 아내와 어머니도 다음번에 물질화되어 만날 수 있다는 메시지를 들었기 때문이다. 그날 저녁의 짧은 영적 경험을 그는 일기에 다음과 같이 썼다.

"슬픔의 강을 건너 기쁨의 땅에 도착하다."

그 작은 고양이가 그의 운명에서 아주 중요한 역할을 해주었던 것이다. 그 일이 있은 뒤 그는 자신에게 영적인 능력이 있다는 것을 알게 되었고, 경험이 풍부한 영매의 지도 아래 자신의 '수신 장치receiving set'를 계발하였다. 또한 매주 한 번 자신이 사랑했던 사람들과 신성한 만남의 시간을 가졌다. 이 얼마나 놀라운 삶의 변화란 말인가.

이 주제에 무지한 사람들은 종종 영적인 세계와 커뮤니케이션하는 것은 잘못된 일이라고 이야기한다. 그러나 신은 삶의 모든 섭리를 만드신 분이고, 두 개의 세계가 접속하여 이루어지는 섭리가 있다면 그 섭리를 만드신 분도 또한 신이다. 신은 위대한 영지英知, Great Wisdom이시며, 세상을 위해 쓰일 섭리를 만드셨다. '영지'인 신이 "내가 이 섭리를 만들었노라, 그러니 그 섭리를 사용하지 말거라."라고 했을 것 같지는 않다. 신이 만든 섭리는 비탄에 잠긴 자가 위로를 발견하여 더 이상 비탄에 잠기지 않게 한다. 그리고 사랑이 '죽음'에 의해 사라지는 것이 아님을 깨닫게 하는 것이다.

힐링 파워 healing power

 몇 년 동안 나는 런던의 벨그레이브 스퀘어 Belgrave Square에 있는 대영심령주의자협회 Spiritualist Association of Great Britain에서 힐링 클리닉 healing clinic 을 담당하였다. 때로는 아픈 동물들도 우리 클리닉을 찾아왔는데, 동물도 인간과 마찬가지로 힐링 파워 healing power에 반응을 하였다.

그런 동물들 가운데 뇌전증(간질) 발작을 일으키곤 하던 개가 특별히 기억에 남는다.

"만지지 마세요. 낯선 사람을 좋아하지 않거든요."

개 주인이 말을 했다. 그러니까 그 개 주인은 우리들이 알고 있는 오렌지 색 아우라에 대해 아무것도 모르고 있었던 것이다.

개가 당신에게서 나오는 아우라를 느낄 때까지는 결코 개를 잡거나 개를 향해 갑자기 움직이지 말아야 한다. 그런 다음 두려워하지 말고 손바닥을 위로 향하게 하라. 그렇게 하면 개가 당신 손가락의 냄새를 맡는 것처럼 보일 것이다. 하지만 그런 것은 아니다. 개의 코는 예민한 기계이며, 당신을 체크하고 있는 것이다. 개가 당신을 '평가'하여 당신의 의도가 좋은 것이라고 판단한다면 'OK' 할 것이다. 그 이후는 힐링의 빛이 나머지 부분을 해결해 나갈 것이다.

이 개는 몇 주간 힐링 클리닉에 왔으며, 발작이 멈추었을 뿐 아니라 누군가를 물어뜯을까봐 주인이 걱정을 한 신경질적인 증상도 극복되었다.

어떤 농장주의 소가 아파서 치료를 하러 간 일도 기억난다. 소는 유방 악성 궤양으로 심한 고통을 겪고 있었

다. 농장주는 나에게 만지면 소가 고통으로 분노를 일으킬 수 있다고 조심하라고 경고하였다. 힐링은 보통 손을 접촉함으로써 이루어지지만, 심한 염증이 있으면 약간의 압력조차 커다란 통증을 일으킬 수 있다. 그와 같은 경우에 나는 상처 부위에서 손을 1인치 정도 뗀 채 치료를 행하고, 염증이 사라지는지를 살핀다.

나는 이 소에게 그와 같은 방식으로 치료를 했다. 우선 연민이 어린 어조로 소에게 말을 걸어 두려움을 떨치고 안정을 찾게 도와주었다. 소는 마구간에 매어 있었지만, 고개를 돌려 나를 올려다보았다. 나는 농장주가 우유를 짤 때 사용하는 의자에 앉아, 양 손의 손가락 끝을 소의 아픈 부위 위에 올려놓았다. 소는 조용하게 서 있었다. 나는 이런 자세로 20분을 있었다. 처음 치료를 시작할 때 궤양을 앓는 주변은 보기 흉한 푸른색이었으나 곧 창백한 붉은 색으로 변했다. 우리는 잠시 쉬면서 농장 주변을 산책하였다. 두 시간 후에 같은 치료를 다시 시작하였다. 나는 그 다음날 에든버러로 떠나야했기 때문에 더 이상의 치료는 진행할 수 없었다. 그러나 농장주는 나중에 "늙은 베스가 치료를 받은 다음에 최고의 컨디션이다."라고 보고하였다.

나는 당신의 반려동물이 통증으로 아파하는데 치료사^{healer}도 없고 수의사도 찾을 수 없을 때 사용할 수 있는 치료 광선$^{healing\,ray}$에 대해서 이야기하였다. 믿음을 가지고 당신의 손을 내밀면 하늘의 힘$^{Heaven's\,Power}$이 당신이 지닌 힘과 하나가 되고 축복과 치유를 가져다줄 것이다.

오래 전 한 목수의 아들이 있었는데, 그는 위대한 치유자$^{a\,great\,healer}$였다. 그의 몇몇 친구는 그가 아픈 생명체를 기적같이 치유하는 것을 보고 놀랐다. 그의 놀라운 치유 능력에 놀란 친구들의 물음에 그는 다음과 같이 대답하였다.

"내가 할 수 있는 것은 너희들도 할 수 있다."

그리고 그것은 어느 시대에나 마찬가지라고 나는 믿고 있다. 실제 이 치유의 능력$^{healing\,gift}$은 누구에게나 내재되어 있지만, 자기 자신이 지닌 힘에 대한 믿음이 없는 사람은 무엇을 시도하는 것을 두려워한다. 인류는 우리가 알고 있는 것보다 훨씬 커다란 능력을 신에게서 부여받았다.

4

영적 세계로의 여행

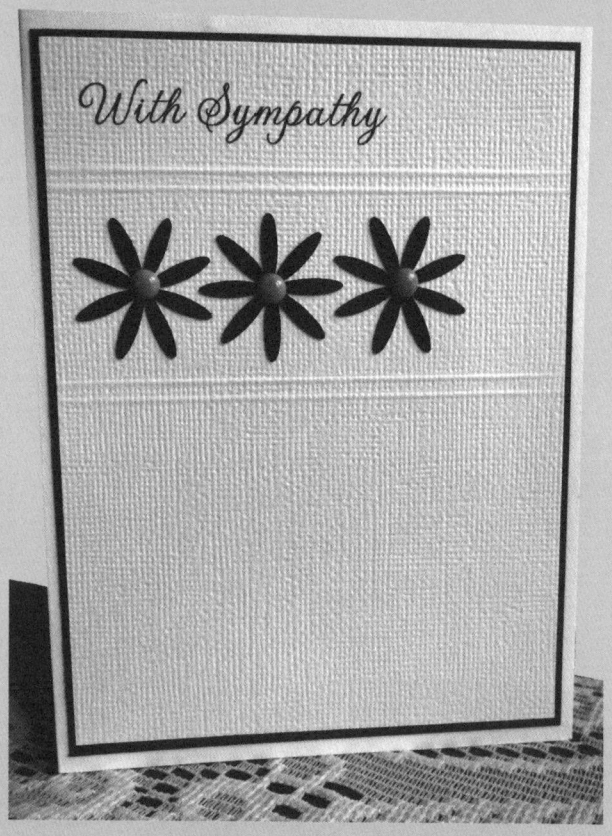

코난 도일의 체험

나는 위대한 영계靈界에 대하여 많은 것을 이야기하였다. 그런데 내가 그것을 직접 보았는가?

부분적으로는, '그렇다'이다. 대부분의 사람들은 피곤할 때 침대로 가서 잠을 잔다. 잠을 자는 동안 우리의 몸과 뇌는 휴식을 취하지만, 영^{spirit}은 육체의 한계를 뛰어넘는 일이 종종 일어난다. 왜냐하면 우리들의 영은 모험을 좋아하며, 멋진 파워를 지니고 있기 때문이다. 영은 육체와 희미한 끈으로 연결되어 있지만, 마음대로 지상을 초월하여 천공으로 여행할 수 있다.

이 특별한 여행은 영적 세계로의 여행$^{\text{astral travelling}}$이라고 부른다. 비록 잠에서 깨어났을 때 아무것도 기억하지 못하지만 때로 모든 사람이 이런 여행을 경험한다고 나는 믿고 있다. 잠을 자는 동안 우리들의 행동을 기억하는 뇌도 잠들어서, 영적인 여행의 환상적인 경험은 기억에 남아 있지 않지만, 때로는 아주 뚜렷이 기억에 남아 있는 경우도 있다.

유명한 추리 소설가인 아서 코난 도일$^{\text{Arthur Conan Doyle}}$은 자신이 경험한 영적 세계로의 여행을 기억했다. 이 체험을 할 당시 그는 집에서 멀리 떨어진 곳에 있었다. 깊은 잠을 자는 도중에 낯선 남자가 나타나 그에게 말했다. 당신의 집에 갔다 오는 길인데, 집에서 레이디 도일$^{\text{Lady Doyle}}$이 그녀의 방에 앉아 책을 읽고 있는 것을 보았다고. 남자는 코난 도일에게 도일 여사가 읽고 있던 책의 제목을 알려주었고, 책 표지와 도일 여사가 앉아 있던 위치도 자세히 이야기해주었다. 집에 돌아온 코난 도일은, 그 시간에 무엇을 하고 있었는지 부인에게 물었다. 그리고 꿈에 나타났던 남자가 묘사했던 것이 실제로 그대로 일어났다는 것을 알게 되었다.

비슷한 무렵, 또 다른 친구가 요크셔^{Yorkshire}의 미르필드^{Mirfield}에 있는 종교단체에 초대받은 일을 나에게 이야기해주었다. 그런데 그곳으로 여행을 떠나기 전날 밤 그는 꿈에서 그가 방문할 곳과 종교단체의 수장의 모습을 보았다. 다음날 그가 종교단체를 방문했을 때 그 장소와 수장의 모습은 전날 밤 영적인 초대$^{astral\ vistitation}$에서 본 기억과 똑같았다.

영적 세계에서 재회한 친구들

햄스테드^{Hampstead}에서 살던 무렵 나는 일주일에 하룻밤은 친구들과의 동아리 모임을 위해 비워두었다. 나는 친구들과 앉아 함께 영적인 여행을 하였으며, 성 바울이 '육체로부터의 이탈$^{absent\ from\ the\ body}$'이라고 부른 경험을 하기도 했다. 그리고 영계로 여행을 하는 동안 우리가 본 것을 선명하게 기억한 채 다시 돌아오는 연습을 했다. 우리 동아리는 모두 12명이었는데 모임이 지속되는 데에는 상당한 인내심이 요구되었다. 일 년 동안 거의 성과가 없었지만, 완전하게 조용한 상태를 유지하는 방법을 배우면서 점차 선명한 기억이 가능하게 되었다.

처음 우리의 여행은 거의 지상의 범위 내에 있었지만, 점점 시간이 지나면서 영계靈界로 여행할 수 있게 되었다. 찬송가의 작사가가 왜 '낮보다 더 밝은 나라가 있다'라고 썼는지 우리는 영계로의 여행을 통해 이해할 수 있었다.

몇 년 동안 12명의 동아리 회원이 한결같이 성실과 열의를 가지고 이 작업을 해나갔다. 몸이 아프지 않은 한 모두가 참석하였다. '체외이탈out of the body'을 통해 우리들은 천계의 다양한 곳을 여행하였다. 우리 모임의 영적 가이드spiritual guide는 항상 우리와 함께 하면서 어떤 제안을 하고, 우리가 모르는 것에 대해서는 자세한 설명을 해주었다. 우리는 함께 여행을 떠나 함께 되돌아 왔다. 보통 여행은 1시간 정도였지만 나에게는 지복의 시간이었다.

우리들 심령주의자가 죽음을 무서워하지 않는 이유가 여기에 있다. 우리들이 천국의 시민이 되는 것을 '죽는다'라고 말하지 않는 이유가 바로 여기에 있다. 우리들이 동물을 사랑하는 사람들에게 "당신을 기다리고 있는 반려동물과 만날 것이다."라고 말하는 이유 또한 여기에 있다. 우리의 지식은 책으로부터 얻은 것이 아니라, 우리가 보고 체험한 것으로부터 나온 것이다. 전쟁이 발발하여 동아리 회원 가운데 몇몇은 전쟁터로 나갔고, 또 몇몇은 멋진 천국의 시민이 되어 우리 곁을 떠났다. 하지만 남은 사람들은 육체가 잠을 자는 동안 영적 세계로의 여행을 계속 하였으며, 행복한 기억을 가지고 다시 돌아왔다.

영靈의 세계는 과연 어떤 모습인가? 당신은 내가 '모든' 생명체가 이 세상에서 죽은 이후에도 계속 살아간다고 말한 것을 기억하고 있을 것이다. 생명이 없는 바위에도 인간처럼 생명의 본질이 담겨 있다는 것을 당신은 알고 있는가? 여행을 하면서 우리는 멋진 산과 숲, 푸른 언덕과 계곡, 잔물결이 이는 강과 조용하게 흐르는 시냇물, 푸른색 들판과 다양한 색들이 어우러진 정원 등을 보았다. 지구에서 여행을 하는 사람이라면 누구나 이러한 풍경들을 보겠지만 우리가 본 풍경은 그것보다 더 멋진 것이었다. 나는 지상에서 그처럼 멋진 색깔 그리고 그처럼 장엄한 풍경을 본 적이 없다. 그리고 그처럼 평화롭고, 즐거운 감정을 느낀 적도 없었다.

집시 청년과 잭코

한번은 지도영인 브라더 피터가 말했다.

"어서 이리로 오세요. 나는 당신이 옛 친구들을 만나기를 바랍니다."

그는 나를 낙엽송이 우거진 숲으로 인도했다. 길 위에는 두터운 이끼가 끼어 있었고, 좀 더 걸어 들어가자 탁 트인 공간이 나왔는데, 그곳에 다양한 색깔이 칠해진 카라반caravan(이동식 주택_역주)이 있었다. 카라반의 계단에는 내 집시 친구가 앉아 있었는데, 그가 기르던 갈까마귀와 처음 보는 개 두 마리도 함께 있었다. 친구는 자신의 새 삶에 대해 참으로 많은 이야기들을 해주었다. 이곳에서의 하루하루가 얼마나 멋진 섭리에 의해 지배되는지에 대해서도.

집시 친구의 지도영은 지상에서 중세시대에 살았던 스페인의 집시였다. 내 친구는 지상에서 사는 동안, 어려움에 부딪치고 슬픔에 잠길 때마다 자신의 지도영이 격려를 해주거나 도와주면서 한걸음 한걸음을 함께 해왔다는 것을 전혀 알지 못했다.

갈까마귀 잭코는 나를 기억하는 것이 확실했다. 왜냐하면 내 어깨로 날아오더니 "안녕, 친구, 만나서 기뻐."라고 말하는 듯 짹짹거렸기 때문이다.

우리가 이야기를 하고 있는 동안 열두 살 남짓 되어 보이는 어린 소년이 애완용 토끼를 안고 다가왔다. 그는 우리에게 자신의 이름은 짐이고, 토끼 이름은 빌리라고 소개하였다. 지상에서 살 때도 이 소년과 집시 친구는 친한 친구였다. 그리고 사후 세계의 새로운 생활에서도 아주 자연스럽게 둘은 서로를 찾아내었다.

어셔 부부와 동물들

우리들이 이야기를 나누고 있을 때 피아노와 바이올린 소리가 들려왔다. 나는 브라더 피터를 향해 물었다.

"천국에 피아노가 있는 게 확실하군요."

그는 웃으며 말했다.

"그럼, 천국에 하프밖에 없다고 생각했었나요?"

그는 우리가 숲속으로 좀 더 들어가면 피아노 치는 사람을 볼 수 있다고 말했다.

우리는 울창한 숲으로 이어지는 길을 계속 걸어 아름다운 너도밤나무를 지났다. 그리고 오두막이 서 있는 공터에 이르렀다. 오두막의 문은 활짝 열려 있었으며, 오두막에 딸린 풀밭에는 다양한 동물들을 위한 멋진 정원이 있었다.

열린 문을 통해 음악이 흘러나오는 곳을 볼 수 있었다. 어셔 부인과 그녀의 남편 댄이었다. 그들을 다시 보게 되어서 얼마나 기뻤던지. 옆에는 바이올린과 피아노가 있었다. 브라더 피터와 몇몇 지도영들이 합석한 자리에서 우리는 또한 얼마나 즐거운 담소를 나누었던가. 친절한 그들은 우리 마을에서 길을 잃은 동물과 버림받은 동물들을 구해 보살피던, 맑은 영혼의 소유자들이었다.

그들은 전보다 훨씬 젊어보였고, 생기가 넘쳤다. 동물들이 없는 어셔 가*는 상상할 수 없다는 듯, 울타리가 없는 정원에서 동물들은 마음껏 뛰어놀고 있었다. 천국을 방문한 나에게 가장 놀라웠던 것은, 경계도 없고, 담장도 없고, '무단출입금지'를 알리는 팻말도 없다는 것이었다. 천국에 사는 주민들은 어디든지 돌아다닐 수 있으며, '내 것'이라고 말하지 않고, '우리 것'이라고 말한다. 천국에 있

영적 세계로의 여행

는 집은 지상에의 선한 행동으로 지은 집이기 때문에 그들 자신의 것이다. 그러나 그들은 소유권을 주장하지도 않고, 소유에 대한 자부심도 없다.

이곳에 '끌림'을 느끼는 사람들은 누구든지 이웃으로 환영받을 것이다. 왜냐하면 자력 같은 끌림의 느낌은 거짓 없는 진실된 것이며, 사람은 같은 파장을 지닌 사람을 만나기를 원하기 때문이다.

돌아오는 길에 늙은 양치기를 보았다. 아름다운 녹색 초원의 언덕에 앉아 있던 그는 내가 어린 시절 알았던 사람이다. 양의 무리를 지켜볼 때 사용하는 지팡이가 옆에 놓여 있었다.

"이곳에서도 양치기를 하고 계시는 건가요?"

그에게 묻자 이렇게 답을 했다.

"어이, 젊은 친구, 나는 양들 없이는 행복하지가 않아. 우리는 서로 그렇다는 것을 잘 알고 있다네."

양 두 마리가 "나도 그렇다고 생각해요."라고 말하는 듯 매애하고 울었다.

이곳 사람, 이곳의 동물과 새들만이 사후의 삶을 누린다고 생각하는 것은 아니다. 조금 더 멀리 떨어진 들판에서 나는 사자, 호랑이, 여우, 코끼리, 원숭이, 생각에 잠긴 낙타, 눈부신 빛깔을 지닌 열대 새들을 발견하였다. 우리가 생각할 수 있는 살아 있는 생물들이 모두 거기에 있었다.

사자는 양과 나란히 앉아 있어야 한다는 신의 예언은 지어낸 이야기가 아니었다. 두려움이 없는 이 땅에서는 다른 생명체를 공격하는 본능은 아예 존재하지 않는 것처럼 보였다. 몇몇 그룹—지상에서 살 때는 대부분 멀리 떨어진 곳에서 살던 사람들—이 서로 친밀하게 이야기를 나누며 산책하고 있었으며, 다양한 피부색깔을 지닌 장난꾸러기 아이들이 즐겁게 놀고 있었는데, 가끔은 동물들도 아이들의 놀이에 끼어들었다. 지상에서 이곳으로 온 지 얼마 안 되어 보이는 한 부인이 흥분하여 이렇게 외쳤다.

"엘리제^{Elsie}, 봐요. 사자가 내 발을 혀로 부드럽게 핥아주고 있어요."

공포를 없애주는 연못

또 다른 예가 있다. 나는 크림색 긴 옷을 입은 남자를 보았다. 처음에 나는 그가 수도승이라고 생각했지만, 브라더 피터는 그가 더 높은 영적 계층에서 온 교사라고 이야기해주었다. 청공 설교단$^{\text{open-air pulpit}}$처럼 생긴 곳에서 그가 이야기를 시작하자 순식간에 많은 사람들이 모여들었다. 이야기를 들으라는 강요 같은 것은 전혀 없었으며, 이야기를 듣고 싶은 사람만 그곳으로 왔다.

다른 생명체에 대해 봉사하라는 그의 설교는 지상에 살고 있는 사람들을 위한 설교였으며, 동시에 이상이 실제 현실이 되는 곳에서 낯선 감정을 느낄지도 모르는 새내기 천국 시민들을 위한 것이었다. 그는 또 동물과 새를 위해 도움이 되는 일을 하고, 특히 무참하게 살해되어 천국에 와서도 공포로 패닉 상태를 겪는 동물들을 위해 봉사하라고 이야기했다.

그의 설교는 아주 간단명료했으며, 현란한 수사 어구도 없고 몸짓도 없었지만 감동적이었다. 그것은 사랑이었다. 그곳에 모인 시민에게 타인을 위해 무엇을 할 것인가를 생각하라는 것, 이 행복한 땅에서도 타인을 위해 봉사하며 살라는 것, 옛날 나사렛에서 목수의 아들이 "선을 행하라."고 말한 것을 행하라고 말했다. 그의 말 가운데 기억에 남아 있는 것은 이것이다.

"당신이 누군가에게 도움이 되기를 원한다면, 당신에게 영적 힘이 거의 없을지라도 강력한 힘이 유입될 것이다. 이 흐름이 작은 영적 힘을 커다란 힘으로 바꿔줄 것이다."

교사가 떠나자 브라더 피터는, 지상에서 이 남자가 팔

레스타인에 살았으며 빵가게에서 일을 했다고 나에게 이야기해 주었다. 남자가 빵을 팔기 위해서 사람들이 모여 있는 산으로 향한 적이 있었다. 그러나 도중에 많은 사람이 그의 빵을 사버려 산에 도착했을 때는 팔 수 있는 빵이 얼마 남지 않았다. 그러나 '그분'이 바구니에 든 빵을 축복한 다음 남자에게 말했다.

"여기 있는 사람들을 모두 배불리 먹여라."

모여든 사람들을 배불리 먹이기에 빵은 턱없이 적어 보였지만, 기적처럼 모든 사람이 배불리 먹고도 충분하였다. '그분'은 모든 인간의 아버지인 신을 믿는 자에게는 불가능한 것이 없다는 가르침으로 많은 사람들에게 영향을 주었다. 신앙, 봉사, 그리고 전능한 힘이 더해지면 불가능해 보이던 것이 이루어지게 되는 것이다.

브라더 피터와 함께 멋진 연못$^{swimming\ pool}$에 간 적도 있다. 그 연못은 지상계를 나와 영적 세계로 가는 문 가까이에 있어, 공포에 사로잡힌 사람들과 동물들이 오면 그곳에서 목욕을 하도록 권유받았다. 물은 기분을 좋게 해주어 공포의 기억이 씻기게 도와준다. 연못은 꽃이 활짝 피어 있는 산사나무들로 둘러싸여 있었으며, 연못에서 나는 향은 마음을 위로해주는 듯했다.

그리고 이 연못 주변 둑길에 앉아서 죽은 사람들이 공포를 극복해내었던 이야기를 들었다.

오토바이 사고로 죽은 네 명의 친구와 그들의 개가 있었다. 죽음의 순간 공포가 너무도 끔찍했지만, 천국의 문 Great Doorway 을 순식간에 통과하는 순간, 그들은 이 유영지의 주인으로부터 다음과 같은 질문을 받았다.

"기분 전환에 좋은 목욕을 하는 게 어떤가요? 목욕을 하면 기분이 좋아질 거예요."

목욕을 하자 거짓말처럼 사고의 충격이 사라졌다.

자살로 세상을 마감한 한 청년이 있었다. 그는 세상에 사는 동안 자신이 저지른 악행으로 인해 늘 공포에 시달렸으며, 삶을 끝장내는 길만이 자신이 편안해지는 길이라고 느꼈다. 삶이 끝이 없다는 것을 그는 몰랐던 것이다. 그가 연못에서 목욕을 끝내자 어떤 현자賢者가 그에게 다가와 위로를 해주었으며, 다른 사람에 대한 봉사의 길이 그에게 열려 있다는 것을 깨우쳐주었다.

후에 내가 다시 영계를 방문했을 때 이 남자를 만났는데 그는 행복해보였다. 그는 두려움에 가득 차 있거나 이승에서의 삶이 불행하다고 생각해서 자살을 생각하는 지상의 사람들과 접촉하는 방법을 배워, 그들이 자살로 생을 마감하지 않도록 설득하는 멋진 일을 하고 있었기 때문이다. 그는 꽤 많은 사람들을 설득하여 자살하지 않도록 하는 데 성공하였으며, 이러한 성공은 그를 행복하게 만들었다.

로라와 야생의 왕국

나는 동물을 사랑했던 사람들의 이야기와 그들의 반려동물 이야기를 지금껏 했다. 하지만, 한 번도 인간에게 사랑받은 적이 없거나 인간의 반려동물이었던 적이 없는 수많은 야생동물들은 어떤가? 야생동물이 완벽한 자유를 누리며 살아가는 멋진 공간^{zone}이 있다. 그곳에는 울타리도 없고, 인간들이 살아가고 있는 공간으로의 출입도 자유롭다.

그러나 그들은 자신들이 살아가는 영계역에 있는 미개의 황야를 사랑한다. 그곳이 그들의 고향이기 때문이다. 브라더 피터와 동물을 사랑했던 한 여성 현자^{賢者}는 나를 그곳으로 데리고 갔다.

이 여성 현자는 영국에서 태어났지만 몇 년간 페르시아에서 살았으며, 아주 오랜 세월을 사람들이 동물을 사랑하는 마음을 갖도록 노력하였다. 세상에 사는 동안 그녀는 많은 씨를 뿌렸지만 풍성한 결과를 얻지는 못하였다. 그녀가 천국에 도착하자마자 큰 목소리로 부르는 소리가 들렸다.

"환영해요, 어서 오세요. 이 동물계$^{animal\ sphere}$는 당신을 기다리고 있었답니다."

놀랍게도 그녀는 지상에서 살 때 자신이 구해준 동물들을 만났다. 불쌍한 동물을 위해 그녀는 간절하게 기도했었다. 흉포한 회색 다람쥐에게 살해될 위기에서 그녀가 생명을 구해준 밤색 작은 다람쥐도 있었다.

"우리 야생 짐승들이 행복하도록 도와주실 거죠?"

짐승들이 그녀에게 물었다. 동물들을 행복하게 하는

일보다 그녀에게 더 즐거움을 주는 일은 없었다. 얼마나 즐거운 여행인가…… 가는 길 내내 새들과 짐승과 곤충들이 눈에 보였다. 나무, 관목 숲, 이끼, 스코틀랜드의 소나무에서 적도의 야자수까지 모든 종류의 식물이 있었다. 온천, 키가 작은 나무들이 빽빽한 숲, 숲의 중간에 있는 해가 비치는 공터, 호수, 강, 폭포가 경쾌한 음악을 만들고 있었다. 우리의 안내인은 로라였다.

"가장 좋아하는 동물이 무엇인가요?"

로라가 물었다.

"원숭이요."

내가 대답했다.

"잠깐만 기다려 봐요."

그녀가 말했고, 우리는 조용히 그 자리에 서 있었다.

로라는 음과 목소리가 아니라, 정신을 모아 기로 동물을 불러내었다. 얼마 안 있어 원숭이들이 우리를 둘러쌌다. 원숭이들은 서로 친밀한 것 같았으며, 호기심으로 가득 차 있었다. 로라가 다시 정신을 집중해 기를 모으자 영리한 늙은 거미원숭이가 내 어깨로 가볍게 뛰어올라 사랑스러운 재주를 부렸다. 그리고 기번gibbon(동인도·남아시아

산 긴팔원숭이_역주)이 브라더 피터의 손을 잡았고, 우리들은 앞으로 나아갔다. 로라는 동물들과의 대화도 정신을 모아 기로 하는 것 같았다. 로라의 생각은 동물들에게 전해지고, 동물들은 그녀의 생각을 따랐다. 그녀가 다른 동물들에게도 그와 같은 방식으로 불러낼 수 있는지 묻자, 그녀는 대답했다.

"물론이지요. 무슨 동물을 부를까요?"

나는 코끼리와 낙타를 불러달라고 요청하였다. 조금 있자 커다란 벨벳 천으로 사용해도 될 것 같은 커다란 코끼리가 우리를 향해 걸어왔으며, 코끼리 뒤에는 사랑스러운 늙은 낙타가 보였다. 낙타의 등에 무거운 혹부리 짐은 보이지 않았으며, 지상에서 살아가는 어떤 낙타보다 자유로워 보였다.

"동물들이 자신들의 영역 안에 있는 모습을 여기로 와서 보세요."

로라가 말했다.

"나는 그들에게 거기에서 나오라고 부르지 않습니다. 그들은 자신들의 소망에 따라 자유롭게 오가는 것입니다. 나는 영역 밖을 돌아다니는 동물들만을 부를 수 있습니다."

우리는 언덕을 올라가 볕이 잘 드는 계곡, 숲, 잡목 숲과 구불구불한 큰 강을 내려다보았다. 풍경은 끝이 없이 멀리 이어졌다. 우리는 이야기를 나누면서 계곡을 내려갔다. 평화스러운 계곡이었다. 사랑스러운 동물들 대부분은 지상에서 인간의 잔인함으로 인해 인간을 두려워하고 미워하는 것을 배웠다. 포획되어 죽은 동물도 있고, 강철로 만든 덫에 걸렸던 동물도 있지만, 여기에서는 평화만이 있다. 이곳은 사랑, 연민, 동정 그리고 자비심을 가진 사람들만이 들어올 수 있다. 사슴, 호랑이, 토끼, 늑대, 여우, 오소리, 사자, 원숭이, 다람쥐, 들쥐, 다트무어^{Dartmoor}에서 볼 수 있는 긴 털의 포니와 그 외에도 수많은 동물들이 있다.

우리는 동물들 사이를 걸어갔는데 우리들로부터 나오는 아우라를 이곳 동물들은 두려워하지 않았다.

"그들이 완전히 자연스러운 삶을 살 수 있는 곳이 바로 여기입니다."

로라가 말했다.

"깨어 있든 잠을 자든, 운동을 하든 휴식을 하든, 무엇이든지 그들이 하고 싶은 것을 합니다. 여기가 그들의 천국입니다. 지상에서 한때 야수^{野獸}라고 부르던 동물들입니다. 자신의 주인이 이곳에 도착하기 전에 이 세계로 온 반려동물들이 사는 곳으로 가보시지 않겠어요?"

동물을 돌보는 사람들

 로라가 다시 정신을 모아 기를 집중하자 두 명의 청년이 나타났다. 청년들은 내가 무엇을 원하는지 아는 것처럼 보였다.

"이쪽으로 오시겠어요?"

두 청년 가운데 좀 더 나이가 들어 보이는 청년이 내게 말했다.

"당신은 동물을 사랑하는 사람이군요."

"어떻게 그것을 알았지요?"

내가 물었다.

"당신은 동물을 사랑하는 사람들의 색깔의 옷을 입고 있으니까요."

그는 웃으면서 말했다.

"그 사람의 아우라를 보자마자 우리는 그 사람에 대해 많은 것을 알 수 있어요."

더 어려보이는 남자는 서둘러 나무들 사이에 있는 빈 장소로 가더니 작은 목소리로 누군가를 불렀다. 놀랍게도 내가 참가했던 모임의 회원 가운데 고인이 된 두 명이 나타났다. 두 사람은 모두 동물을 사랑하는 사람이었다.

두 사람은 나를 대환영해 주었다.

"정말 멋진 일입니다. 우리들은 동물들과 함께 지냈고, 그들의 주인들이 지상에서 이곳으로 오기 전까지 그들을 사랑하고 돌봐주었지요."

그때 나는 깨달았다. 지상에서 많이 사랑받은 동물들은 자신의 주인이 천국에 오기 전까지 자신들을 사랑해주고 또한 자신이 사랑할 사람들을 끌어당긴다는 것을.

이 세계^{zone}에 있는 들판과 집들은 마치 지상의 시골의 풍경과 비슷하며, 이곳에 사는 사람들은 모두 동물을 사랑한다. 그들의 임무는 동물들에게 자애를 베푸는 것이다.

이 영역은 끝이 없이 널리 뻗어 있다. 들판과 마을길에서 사람들은 개와 고양이와 함께 장난치며 뛰놀거나 새에게 이야기를 한다. 이곳에 사는 새들은 사람들의 사랑을 충분히 받기에 다른 곳으로 날아가지 않으며, 새장도 필요 없다.

의심이 많은 사람들은 비꼬는 말투로 "맙소사, 천국이라고!"라고 말할지도 모른다. 나는 이렇게 대답한다. "왕관이 있는 방에 하프 연주자들만이 가득 찬 천국의 모습보다 더 멋진 것 아닌가?"라고.

여기는 좋은 천국이다. 다른 모든 것과 마찬가지로 이곳 역시 인간의 마음으로는 측정하기 힘들 정도로 무한한 사랑을 지닌 신에 의해 계획된 것이다. 영원한 신의 마음은 가장 숭고하다.

내가 어떤 소년에게 동물들의 영적 세계에 대하여 이야기하자, 소년은 말했다.

"샤프 씨, 신은 모든 생명체를 귀히 여기시는 것처럼 보입니다. 그렇죠?"

생명은 영원히 지속된다

우리가 많은 것에 대하여 무지하다는 것을 당신은 알고 있는가. 우리는 사물의 외양에만 관심을 가진다. 우리는 천사의 속삭임에 귀를 닫고, 신에 대해 관심을 두지 않는다. 맹인이 눈을 뜨고, 귀머거리의 귀가 열리는 곳이 천국이다. '영원한 사랑' '천국의 하모니 Harmony of the sphere'라는 말은 과장된 문구가 아니다.

천국에는 동물을 사랑하는 사람과 그들의 반려동물, 야생의 생명체만이 있는 것으로 오해하지 않기를 바란다. 내가 이런 것들에 초점을 맞춘 것은, 반려동물이 하늘나라에서 더 행복하게 지내고 있음에도 불구하고 그 사실을 모른 채 슬퍼하는 사람들을 위로해주기 위해서이다. 하늘나라에서 그들은 당신이 행복하게 해주는 것보다 더 많은 행복을 누리면서 살아간다. 그러나 당신이 그들을 기억하고 있는 것처럼 당신의 반려동물도 당신에 대한 기억과 충실성을 그대로 지니고 있으며, 당신이 천국의 문을 통과하는 순간 당신 옆에 서 있을 것이다. 당신도 예외가 아니다. 왜냐하면 신은 모든 생명체를 배려하는 분이시기 때문이다.

동물은 신의 본질의 일부를 지니고 있으며, 당신 안에도 신의 본질이 내재되어 있다.

다음과 같은 찬송가 가사를 기억할 것이다.

> 큰 피조물이든 작은 피조물이든, 신은 모두에게 생명을 부여하시네
>
> 모든 생명 가운데에는 신이 계시네, 모든 것의 진실한 생명이

영적 세계로의 여행

나는 찬송가의 두 곳을 강조하기 위해 밑줄 표시를 하였다. 작사가의 의도가 그 두 단어에 명확하게 나타나 있다고 생각하기 때문이다. 신의 본질이 인간에게 내재하여 있기 때문에 모든 인간이란 존재는 신의 자식이라고 이야기한다. 이 말은 사실이다. 하지만 신의 본질은 모든 살아 있는 것들에 내재하여 있다. 신만이 생명을 창조할 수 있으며, 모든 살아 있는 존재에 내재하여 있는 신의 본질은 모든 살아있는 것들을 연결해준다.

이것이 우리가 영원하게 존재하는 이유이다. 이것이 서머싯^{Somerset}에서 사고로 죽은 개 넬이 지금도 살아가고 있고, 주인을 기다리고 있는 이유이다.

넬은 지금, 자신을 돌봐주며 사랑해주는 사람들과 함께 행복하게 지내고 있다. 그러나 넬의 주인과 넬이 다시 함께 하는 날이 올 것이다. 그때는 가족 구성원 전부가 모이게 되는 것이다.

언젠가 지금보다 더 행복한 날이 올 거라는 것을 넬은 모르겠지만, 그때까지 넬은 사랑받고 사랑을 주며 행복하게 지낼 것이다.

내가 체외이탈을 했을 때, 브라더 피터와 산책을 했던

기억이 난다. 그때 우리들은 길 위에서 즐겁게 노래 부르며 뛰어놀고 있는 어린아이들을 만났다. 몸집이 크고 힘이 센 알세이셔 개가 아이들과 함께 있었는데, 개는 양처럼 온순해 보였다.

그 개는 지상에 있을 때 한 소년이 괴롭혀서 아이에게 교훈을 줄 목적으로 소년을 살짝 물고, 소년의 옷을 찢었다. 그러나 인간 세상의 법률은 위험한 개라고 판단을 내려 총살을 명하였다. 명백히 소년이 벌을 받아야 할 상황이었다. 개 주인은 울면서 탄원하였지만, 아무 소용이 없었다.

만약 그녀가 지금 그 개를 다시 만난다면 슬픔과 비탄을 멈추게 될 것이다. 물론 그녀는 자신의 개를 그리워하고 있을 것이며, 또한 불의가 정의의 자리를 대신 차지하였다는 것도 깨달았을 것이다. 하지만, 그녀의 개는 아이들과 함께 행복하게 지내고 있으며 아이들도 그 개와 더불어 행복하게 지내고 있다. 그곳은 부정과 불의와 무지는 자라날 수가 없는 세계이다.

언젠가 그녀는 자신의 개와 함께 할 것이다. 내가 이 여행을 생각할 때, 그 개가 기쁘게 짖는 소리가 지금도 들려온다. 그것은 그렇게 인상 깊게 내 기억에 남아 있다.

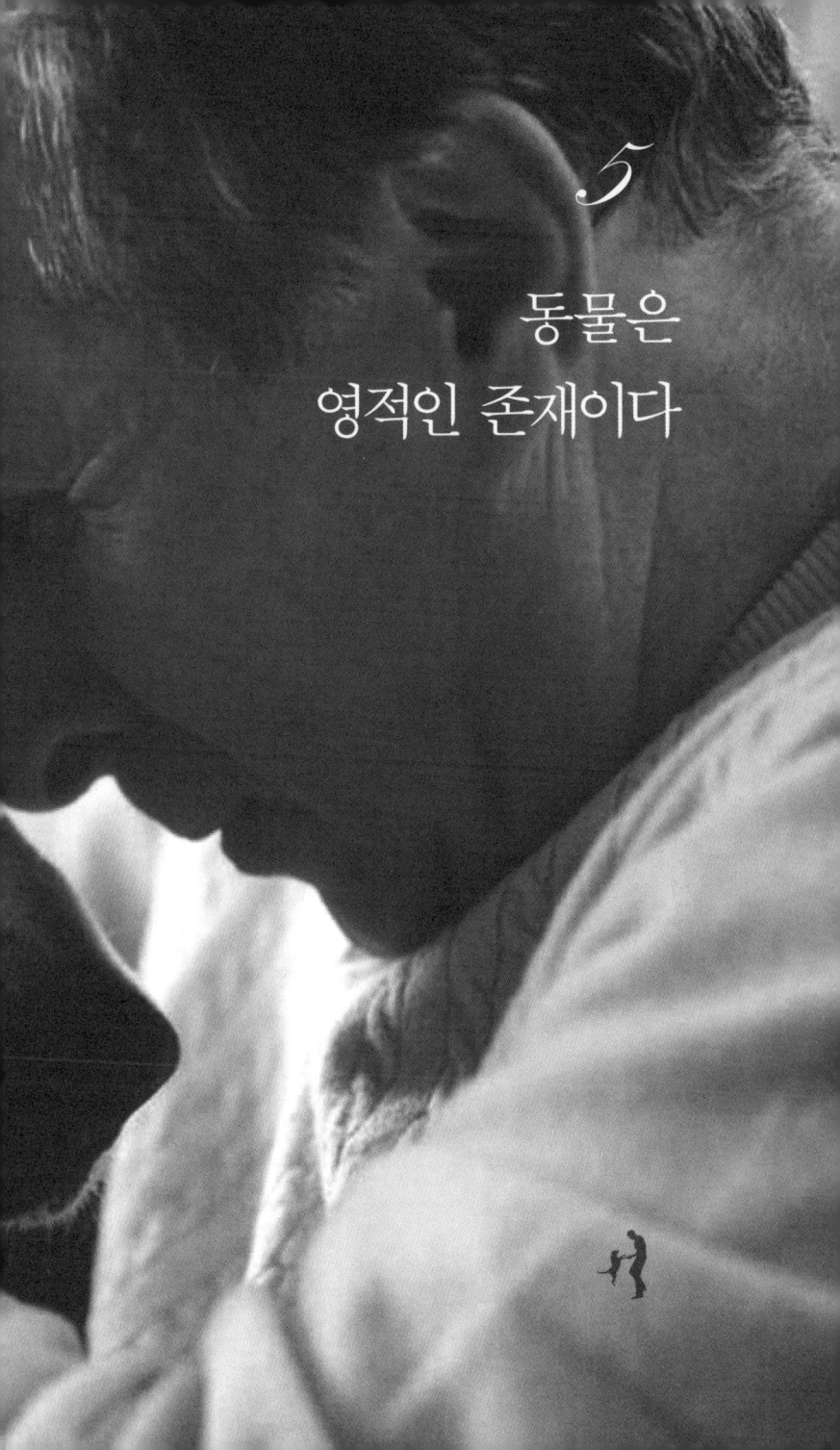

5

동물은 영적인 존재이다

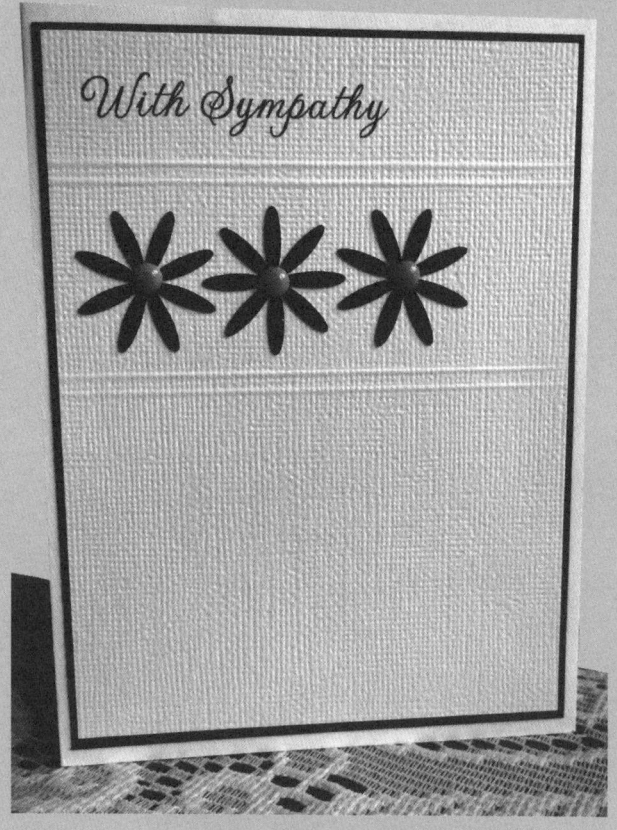

영혼은 자유롭게 여행한다

 어제 나는 어느 목사의 부인에게서 온 편지를 받았다. 편지에는 다음과 같은 이야기가 적혀 있었다.

최근 그녀는 자신이 좋아하는 팔걸이의자에 앉아 눈을 감고 조용히 휴식을 취하고 있었다. 그러나 잠든 것은 아니었다. 순간 그녀는 자신의 무릎 위에 죽은 에어드레일

Airedale의 머리가 놓여 있는 듯한 느낌을 받았다. 그것이 영의 출현이라는 것을 깨닫기까지 그녀는 마치 에어드레일이 육체를 가진 것처럼 자연스럽게 에어드레일의 머리를 쓰다듬었다.

이전에도 그녀의 죽은 남편이 자신이 좋아하던 아이리쉬 테리어와 같이 사제관의 마당을 거닐고 있는 것을 본 적이 있었다고 했다.

애스트럴 트래블링astral travelling(영적인 신체로 여행함)이 실제 어떠한지를 독자가 이해할 수 있도록 하기 위하여, 동물과는 관계가 없는 체험 하나를 이야기하겠다.

내가 애스트럴 트래블링을 할 때다. 캔터베리에서 내 육체가 트랜스 상태에 있었던 때, 개인적으로 나를 알고 있는 네 명이 햄스테드Hampstead에서 걸어가고 있는 나를 목격한 것이다.

이 시기 나는 웨스트 햄스테드에 살고 있었다. 내가 살던 집의 여주인은 마틴 부인이었다. 마틴 부인의 딸은 내가 이끌던 영적 수련 모임의 회원이었다. 마틴의 가족은 자신들의 건물 1층에 살고 있었으며, 나는 그 건물 맨 위층에서 살았다.

마틴 부인에게는 리치몬드에 사는 친구인 웨스트 부인이 있었다. 웨스트 부인은 자주 마틴 가족을 방문하였으며, 그때마다 마틴 부인에게 이렇게 말하곤 했다.

"해롤드 샤프 씨를 불러 우리에게 영적 경험들을 들려 달라고 요청해봐."라고. 그런 요청이 있었던 어느 날 저녁 마틴 부인은 대답했다.

"음, 이번에는 샤프 씨가 오지 못할 것 같은데. 왜냐하면 이번 주말 캔터베리에 가서 화요일에 돌아올 예정이거든."

월요일 아침, 나는 캔터베리에 있는 스피리추얼리스트 교회Spiritualist church에서 사후생존 사실을 증명하는 강령 모임을 이끌도록 예정이 되어 있었다. 브라더 피터는 12명의 유족들에게 마음의 평안을 주기 위해, 내 몸을 빌려 1시간 이상 트랜스 상태로 이야기를 했다.

웨스트 햄스테드에서는 바로 이 시간에, 마틴 부인이 부엌에서 아침 요리를 하고 있었는데 웨스트 여사가 소리쳤다.

"맙소사, 해롤드 샤프 씨가 주말 동안 다른 지방에 가 있는다고 네가 말한 것을 기억하는데. 그가 지금 모자를 쓰고 집을 나와 계단을 내려가고 있어!"

방금 들은 말을 믿을 수 없었던 마틴 부인은 손에 프라이팬을 들은 채 창문으로 다가와 나를 보았다.

집을 나오자마자 모퉁이를 돌면 내가 늘 케이크를 사는 조그만 홈-메이드 케이크 가게가 있다. 가게 주인인 마가렛 해리슨 여사도 역시 마틴 부인과 같이 내가 이끄는 모임 회원이었다. 케이크 가게에는 젤리 여사가 도우미로 일했다. 젤리 여사는 가게 창문가에 케이크를 진열하다가 길 반대편에서 지나가고 있는 나를 보고 손을 흔들었다.

"지금 누구에게 손을 흔드는 건가요?"

해리슨 여사가 물었다.

"아니, 틀림없이 해롤드 샤프 씨예요. 바람에 코트자락을 휘날리며 저기 걸어가고 있어요."

"그럴 리 없어요."

해리슨 부인이 말했다.

"그는 지금 캔터베리에서 주말 봉사활동을 하고 있어요"

손에 밀가루가 잔뜩 묻어 있었지만, 해리슨 부인은 가게 창문으로 다가와서 나를 보았다.

"아니, 해롤드 씨가 캔터베리에 가지 못했나봐요?"

해리슨 부인은 이렇게 설명할 수밖에 도리가 없었다.

이것이 바로 애스트럴 트래블링이다. 나를 알고 있는 네 명의 사람이 모두 벨시즈 로드$^{Belsize\ Road}$에서 나를 목격했던 것이다. 정확하게 이 시간, 나는 캔터베리에 있었다. 내가 트랜스 상태에 있던 때, 12명의 사람이 나와 함께 있었다. '우리를 돕기 위하여 보내어진 구제의 영들' 가운데 한 명이 나의 입을 통하여 위로와 지혜의 말을 전하였다.

내 육체가 브라더 피터의 보호 아래에서 안전하게 있던 동안, 나의 혼이 내 아파트로 돌아간 이유는 무엇일까. 캔터베리로 떠나기 전날 밤 나는 에든버러 심령 칼리지$^{Edinburgh\ Psychic\ College}$로부터 전보를 받았다. 예정되어 있던 강연자가 병으로 인해 올 수 없게 되어서, 급히 내가 와 줄 수 있느냐고 묻고 있었다. 나는 화요일까지는 스케줄이 차 있지만 화요일 저녁이라도 괜찮다면 갈 수 있다고 답장 전보를 보냈다. 하지만 캔터베리를 떠날 때까지 나는 답변을 듣지 못했다. 나의 진짜 자아는 어떤 준비를 하면 좋을지 알고 싶어 했을 것이다.

나는 벨시즈 로드에 있었던 기억은 없지만, 네 사람의

목격자는 나를 보았고 모두 신뢰할 수 있는 사람들이었다. 나를 목격했던 사람들과 나는 몇 년 동안 서로 알고 지냈으며, 항상 만나 이야기를 나누는 사람들이었다.

이런 종류의 것은 당신이 가끔 경험하는 것이다. 이제까지 당신은 사랑하는 사람들과 그들의 영적 세계의 집에서 함께 시간을 보내기 위해 여행을 한 적이 있을 것이다. 여행을 하면서 그들에게 당신의 문제를 이야기하고, 조언을 구하고, 그들과의 우정에 기뻐했을 것이다. 왜냐하면 그곳에는 죽음은 없고, 천국만이 가까이에 있기 때문이다.

그곳에서 반려동물은 당신을 발견하고 정말 흥분된 모습으로 당신을 향해 반갑게 달려올 것이다.

사랑의 기도

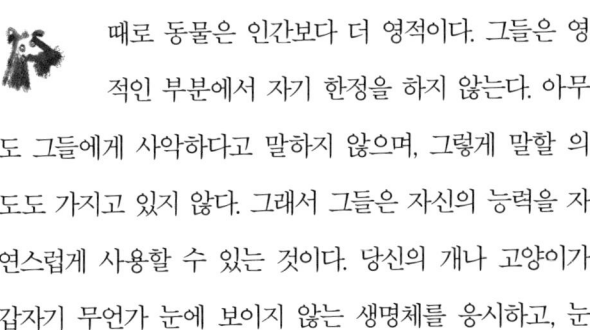 때로 동물은 인간보다 더 영적이다. 그들은 영적인 부분에서 자기 한정을 하지 않는다. 아무도 그들에게 사악하다고 말하지 않으며, 그렇게 말할 의도도 가지고 있지 않다. 그래서 그들은 자신의 능력을 자연스럽게 사용할 수 있는 것이다. 당신의 개나 고양이가 갑자기 무언가 눈에 보이지 않는 생명체를 응시하고, 눈

에 보이지 않는 것의 모든 움직임을 눈으로 관찰하고 있는 것을 본 적이 있는가?

몇년 전 나는 동물의 영적 능력에 대한 진실을 정확하게 묘사하고 있는 영화를 본 적이 있다. 영적 세계에 있는 남자가 자신이 남기고 온 유서의 어떤 문장이 가정에 불행을 야기할 수 있다는 것을 깨닫고, 이것을 바르게 고치기 위하여 이승의 집을 다시 방문하였다. 가족에게는 그가 보이지 않았지만, 그의 충실한 늙은 개는 그를 보고 기쁘게 짖으며 마치 자신의 주인이 아직 육체를 지니고 있는 것처럼 반갑게 뛰어왔다.

주인인 인간에게는 영적 능력이 없었는데, 개가 그렇게 흥분을 한 이유를 이해할 수 없었다. 일상에서 일어나고 있는 것의 해석은 과연 얼마나 진실된 것인가. 두 발을 지닌 동물뿐만 아니라 네 발을 지닌 동물, 그리고 날개로 하늘을 가르며 나는 동물들을 비롯해 영원히 사는 모든 생명체는 우리를 축복하고 격려해준다.

모든 생명을, 우리들을 계획하여 창조하신 신이 만드신 것이라면, 우리는 그들과 사랑과 친절을 나누며 함께 살아가야 하지 않겠는가? 그들을 잔인하게 죽이는 것은,

우리 자신에게 잔인하게 하는 것과 마찬가지이다.

    나는 기도한다. 동정과 연민의 마음과 자애가 인류의 진짜 미덕의 기준이 되는 날이 오게 해달라고. 동물을 사냥하고, 덫을 놓고, 총을 쏘고, 독을 먹이는 일은 야만의 시대의 이야기일 뿐이다. 전쟁에서 요람에 있는 아기를 향해 폭탄을 퍼붓는 사람들이 신의 전당에 승리의 깃발을 꽂던 일은 오래 전 야만의 시대의 일 아닌가.

새들의 노래

참새가 울새에게 말하네
"나는 정말 알고 싶다네
왜 인간들은 쉴 줄 모르고,
저렇게 바쁘게 살아가고
저렇게 근심 걱정이 많은지를"

울새가 참새에게 말하네
"친구여, 나는 이렇게 생각한다네
불쌍한 인간에게는
자네와 나를 알뜰하게 보살펴주시는
천국의 아버지가 없기 때문이라네"

펫로스 증후군

펫로스 증후군이란 자신이 키우던 반려동물을 떠나보내고 느끼는 슬픔과 괴로움 등의 감정을 일컫는 표현이다. 깊은 유대감을 갖게 된 반려동물을 잃는 것은 슬픈 일이다. 하지만 가끔 가족의 죽음처럼 괴로워하는 사람들이 있다. 무엇보다도 자신의 부주의로 동물이 사망했을 때나 안락사를 통해 반려동물의 삶을 끝냈을 때, 혹은 신변상의 한계로 인해 동물을 처분했을 때 등 반려동물의 죽음에 죄책감을 가질 만한 계기가 있을 때 이런 현상이 발생하기 쉽다.

반려동물이 주인과 깊은 교감을 나누었거나, 해당 동물이 일반적인 반려동물이 아니었을지라도 반려동물이라 여겨질 정도로 주인의 깊은 심리적 버팀목이었을 경우 이런 현상이 발생한다.

펫로스 증후군은 정형화된 질환이 아닌 만큼 가족

(반려동물)이 죽었을 때 쉽사리 극복하지 못하는 모든 상태를 포함한다. 정신적인 고통을 유발하는 증세인 만큼 가볍게 생각해서는 안 되며, 외상 후 스트레스 장애의 한 부류로 봐야 한다는 의견도 있다.

전문가의 조언(Q & A)

Q 내가 이렇게 슬픈 것이 정상인가요?

A 사랑했던 대상을 잃고 슬퍼하는 것은 당연한 일입니다. 우리는 슬픔 속에서도 '가족(반려동물)'과 함께 하면서 느꼈던 수많은 감정들을 떠올릴 것입니다. 슬픔을 즉각 치료해줄 수 있는 처방전은 어디에도 없습니다. 슬프면 울어도 됩니다. 화가 나면 화를 내고, 망연자실 그대로 있어도 좋습니다. 떠나간 '가족'을 생각하며 잠을 이루지 못하는 것도 자연스러운 일입니다. 슬픔은 예고 없이 찾아왔다 시나브로 가버립니다. 당신이 슬퍼하는 것은 지극히 정상적인 일입니다.

Q 장례를 치러주는 것이 중요한가요?

A '펫로스 증후군'을 극복하는 과정에서 애도는 중요한 부분입니다. 장례를 치르는 것은 사랑하는 '가족(반려동물)'을 잃은 상실감에 대처하고

새로운 일상을 다시 시작할 수 있도록 도와줍니다. 장례를 치르지 않는 것보다 소박하게 장례 의식을 갖는 것이 당신의 슬픔을 진정시키는 데 도움이 될 것입니다.

Q 새 '가족(반려동물)'을 맞아들이는 때는 언제가 좋은가요?

A 사람마다 다릅니다. 새로운 '가족(반려동물)'을 바로 맞아들여 사랑을 주기를 원하는 사람도 있고 떠나보낸 '가족'을 기억하며 좀 더 기다리는 사람도 있습니다. 새 '가족(반려동물)'을 맞아들이기 좋은 때는 각자가 다릅니다. 새로운 '가족'을 맞을 준비가 되었다는 것을 본인이 느낄 때 그때가 적절한 시기입니다.

Q 애도 과정에서 도움이 되는 것들은 무엇인가요?

A 사랑하는 '가족(반려동물)'을 잃은 슬픔을 극복하는 데 도움이 되는 것들은 여러 가지가 있습니다. 자연 속에서 시간을 보내기, 자신이 좋아하는 일에 몰두하기, 떠나버린 '가족(반려동물)'에 대한 글쓰기 등이 도움이 될 수 있습니다. 그 가운데에서도 글쓰기는 당신이 경험하고 있는 생각, 감정, 느낌 등을 알아가는 데 도움이 됩니다. 이밖에도 슬픈 감정을 나눌 수 있는 그룹을 찾아 지금 당신이 느끼는 상실의 슬픔을 이야기하는 것도 좋습니다. 당신의 이야기에 대해 판단하지 않고 있는 그대로 받

아들여줄 사람들을 찾는 것이 중요합니다.

Q 외로움을 느끼는 이유는 무엇인가요?

A '가족(반려동물)'의 죽음 뒤 외로움을 느끼는 것은 당연한 일입니다. 당신이 어떤 감정을 느끼고 어떤 슬픔의 과정을 통과해가고 있는지 친구나 가족, 동료들은 이해하기 어려울지도 모릅니다. 슬픔을 느끼는 동안 무척 외로울 것이지만 시간이 지나면서 점차 외로운 감정은 사라질 것입니다.

Q 얼마만큼의 시간이 지나야 이 슬픔이 사라질까요?

A 슬픔의 시간을 오래 경험하는 사람도 있고 훨씬 빨리 슬픔의 시간을 통과하는 사람도 있고, 사람마다 다릅니다. 우리는 모두 독특한 개성을 가진 존재로서 '가족(반려동물)'과 경험했던 관계의 경험과 빛깔도 저마다 다릅니다. 슬픔에 잠긴 당신 자신에게 항상 친절하세요. 슬픔은 언젠가는 저 멀리 사라진다는 것을 명심하세요. '가족(반려동물)'과 함께 했던 즐거운 추억은 영원히 당신 가슴에 남아, 그것을 떠올릴 때마다 기쁨을 줄 것입니다.

Animals in the Spirit World
우리 다시 만날 수 있을까

한국어판 ⓒ 섬앤섬 출판사, 2022

초판 2012년 10월 25일 발행
개정판 2015년 10월 25일 발행
개정증보판 제1쇄 2022년 11월 11일 발행

지은이 해롤드 샤프
옮긴이 한진여

발행인 김현주
편집장 한예솔
디자인 김희수
마케팅 한희덕
펴낸곳 섬앤섬

등록 2008년 12월 1일 제396-2008-000090호
주소 (410-909) 경기도 고양시 일산동구 백석로 119. 210-1003호
주문 및 문의 전화 070-7763-7200 팩스 031-907-9420

이 책은 저작권법에 따라 보호받는 저작물이므로 무단 전재와 복제를 금하며, 이 책 내용의 전부 또는 일부를 이용하려면 반드시 저작권자와 섬앤섬 출판사의 서면 동의를 받아야 합니다.

ISBN 978-89-97454-56-3 03180